永宁

◎ 北京地方志·古镇图志丛书 ◎

主编◎段柄仁

永宁

编著◎张夙起

北京出版集团公司
北京出版社

图书在版编目（CIP）数据

永宁／张夙起编著． —北京：北京出版社，
2010
（北京地方志／段柄仁主编． 古镇图志丛书）
ISBN 978-7-200-08211-1

Ⅰ．①永… Ⅱ．①张… Ⅲ．①乡镇—地方志—北京市
Ⅳ．① K291.5

中国版本图书馆 CIP 数据核字（2010）第 061834 号

策划编辑 于 虹	统 筹 于 虹／张 放	责任编辑 楼 霏
封面设计 鲁 筱	版式设计 刘宝龙	责任印制 于春卉

北京地方志·古镇图志丛书
永宁
YONGNING
主编 段柄仁 编著 张夙起
＊
北 京 出 版 集 团 公 司
北 京 出 版 社 出版
（北京北三环中路 6 号）
邮政编码：100120
网址：ｗｗｗ．ｂｐｈ．ｃｏｍ．ｃｎ
北 京 出 版 集 团 公 司 总 发 行
新 华 书 店 经 销
北京同文印刷有限责任公司印刷
＊
787×960 16 开本 14.75 印张 216 千字
2010 年 10 月第 1 版 2011 年 6 月第 2 次印刷
印数 1-3 000
ISBN 978-7-200-08211-1／K·829
定价：34.00 元

质量监督电话：010-58572393

让"星星"亮起来

——《北京地方志·古镇图志丛书》序

段柄仁

古都北京的历史文化，丰富多彩，深邃厚重，魅力无穷。如果把以故宫为中心的城市核心区的文化积淀，比作光芒四射的月亮，那么月亮的周围还遍布一片片一道道亮丽的星云，诸如西南面的北京猿人聚居区、北郊的长城带和皇陵区、东边的古运河带、西郊的皇家园林区等。此外，众多的古镇、古村落，像满天繁星，镶嵌于京郊大地，和"月亮"、"星云"相映生辉，共同构成了北京灿烂辉煌的历史文化美景。

如何把这些源远流长的历史文化和当代的传承景况全面、系统、准确、生动地再现出来？编纂地方志是已由实践证明的行之有效的方式，是我们的祖先创立的代代相传的中华民族优良传统。用志书形式展示我们的历史和现状，已被纳入法制轨道，在全国全面开花结果。北京市和全国兄弟省、市、自治区同步，从20世纪80年代重启了编修社会主义新方志的工作，经过20多年的辛勤劳作，现已基本完成第一轮规划内172部志书的任务。目前正在启动第二轮志书的编修工作。同时，在规划外还编写出版了一系列部门、行业、区乡、单位志书和资料书。其中《北京地方志·风物图志丛书》，把最能反映北京特色和亮点而未纳入第一轮修志规划的王府井、前门、大栅栏、琉璃厂、天桥、什刹海等"文味"、"京味"浓郁而集中的特殊地域，王府、祭坛、会馆、庙会、老字号等文化内涵独特深厚的建筑、节会、店铺，一一成志，加上已列入规划志书的故宫、长城、天坛、颐和园等世界文化遗产，使"月亮"更加璀璨。但如何使"星云"的展示更完美，使"星星"亮起来，成为人们殷切的愿望和修志工作者义不容辞的职责。《北京地方志·古镇图志丛书》就是在这种情况下应运而生的。

这套志书，是北京古镇系列丛书的第一批成果，是由市地方志办公室选择修志条件比较成熟的古镇，委托专家执笔编纂的，包括房山区的琉璃河镇、良乡镇，海淀区的海淀镇，门头沟区的斋堂镇，延庆县的永宁镇，密云县的古北口镇、不老屯镇，通州区的张家湾镇，昌平区的南口镇、沙河镇等10个古镇的志书。这10个古镇形态不同，风采各异，但有明显的共同之处。它们都是历史悠久、声名远播、影响深广，地理位置多在大山之口或古河道边的古镇，在特定历史阶段，处于交通要冲，成为军事重镇、京师门户、兵家必争之地和一定区域的经济文化中心。且山河形胜，环境优美，有不少奇观异景，历史遗存丰富多彩，古长城、运河、邮驿御道、寺庙道观、祭坛陵寝、名居名店、皇家园林、名人逸事、故事传说、传统技艺、风味小吃、诗文碑刻、俗俚乡谚等，令人向往。其兴衰也多与北京核心城区的发展变化有着密切关系。其中琉璃河镇有北京最早的古城遗址；良乡镇从秦汉就曾建县，地名传承至今；斋堂镇现有前桑峪、东胡林古人类遗址，还有爨底下村、灵水村等闻名遐迩的古山庄民居；古北口镇、南口镇都是长城要塞、交通要道、京城锁钥、军事重镇；永宁镇位于长城以北，是以屯兵兴起的塞外古城，小巧玲珑、古色古香；张家湾镇是京杭大运河北端的皇家码头，漕运古镇；海淀镇的四周在清代是皇家园林，现在被高等院校和科学院环绕，是北京科技园区的核心区；不老屯镇是具有旧石器遗存、古长城、古石刻和山水秀美的独特

⊙ 让『星星』亮起来

生存环境，也是北京市少有的长寿镇；沙河镇被称为"京师之枕"，是明清帝王谒陵和北巡的驻跸之地。把这些古镇的历史与现状展现于地方志之中，不仅使志书家族"添丁进口"，兴旺扩展，给人以原生态文化的历史厚重、深邃、沧桑感，使人领略古今纯朴的文化神韵，为文化古都北京寻根找源，增光添彩，也为传播历史文化知识，提高民族自豪感和凝聚力，为开发旅游资源，发展特色经济创造了良好条件。总之，这套丛书为构架先进文化的"地基"，增强国家软实力，必将起添砖加瓦的作用。

让"星星"亮起来，为古村镇修志写史，是一个有效的影响深远的举措，但这远远不够，还必须有保护古村镇历史文化资源的相应措施，制定切实的保护规划，选择可持续开发利用的科学方法，避免开发性破坏、生活性破坏，把自然性破坏降到最低程度，使其里巷、民宅、地貌、水系、植被和传统民俗风貌等物质的、非物质的文化遗存得到切实的保护，合理的开发利用，这需要各方给予关注，还需要政府、社会和居民的通力合作。

目录

⊙ 目录

京都屏障

　　度"太行八陉"之一的居庸径，出燕塞雄关八达岭，越过气势雄伟的古长城，道路忽然四通八达，眼前豁然开朗，妫川以它特有的姿态舒展博大的胸襟。古镇永宁，犹如妫川胸襟上镶嵌的一枚金色的胸章，在阳光下熠熠生辉。

度"太行八陉"之一的居庸径,出燕塞雄关八达岭,越过气势雄伟的古长城,道路忽然四通八达,眼前豁然开朗,妫川以它特有的姿态舒展博大的胸襟。古镇永宁,犹如妫川胸襟上镶嵌的一枚金色的胸章,在阳光下熠熠生辉。

特殊的地理形势

这是京畿延庆县一座有名的大镇,面积和人口均为全县的十分之一。

这是一座地理形势特殊的大镇。它坐落在妫川中央,西距延庆县城19.2公里,东穿四海镇与怀柔县接壤,南越八达岭90公里到北京市区,北过千家镇与河北省赤城县相连。

这座大镇就是塞外有名的历史古镇——永宁。

永宁,三面环山。那山延绵数十里,起伏跌宕而纵横捭阖,如屏似障地拥抱着这座古镇。古镇雄踞于群山之间,鸟瞰西部平原。平原上,一条清流——妫河自永宁境内悠悠荡荡穿过,彩带般飘落在妫川平原,润泽了妫川的美丽和富饶。妫河两岸阡陌纵横,人烟辐辏,是胜似江南的鱼米之乡。

▼ 明代永宁防务图

⊙北京地方志·古镇图志丛书 永宁

延庆，"南挹居庸之翠，北距龙门之险"①，左右山河，形势险要。

永宁，独当宣府东路②，古称"国之藩篱"。

龙门，在今河北赤城县。从龙门到居庸关200余里，都在宣府东路防御范围之内。宣府东路军事布局是以守卫京师和皇陵为核心的，而永宁恰恰处在京城和居庸关及明代皇陵之北的喉结部位，是敌军无法忽视的障碍和屏蔽。锁定这个喉结，就切断了来犯之敌的来去道路。因此，永宁就成了自龙门至八达岭长城以北"层层设防"的关键部位；而敌军进犯多从龙门取道永宁，进而直逼居庸关北口——八达岭关城，进犯居庸关。居庸关若破，则京师立即陷入危急境地。

《隆庆志》称永宁"南拱金陵，北耸冠帽，东望熊耳，有永宁为之藩；西望螺山，有怀来为之臂；又有妫水以为之带，虽非大形胜，然亦可览者也"③，而《永宁县志》则认为永宁是塞北"国之藩篱"，并认为，永宁"面临陵寝，背负缙山。东有火焰山为之藩，西跨白龙湾为之带，深沟钜涧，曲寨悬崖……虽三镇之辟邑，亦四塞之胜概"④。特殊的地理位置和形势，使永宁在战略防御上具有举足轻重的地位。《永宁县志》的评述绝非溢美之词。

永宁，南为长城之前哨，东扼宣府、延庆、四海要路，不仅成为拱卫延庆县城之藩，而且也是长城纵深防御的重要城池，对于京师的保卫具有重要作用。永宁若失守，延庆则处于危险境地，八达岭长城和居庸关必然告急，京师必然震动。因此，历代封建王朝统治者都十

---

①明嘉靖《隆庆志》卷之一。
②宣府东路：宣府，今河北宣化市。宣府东路，明代指宣府以东地区，东端到延庆县四海镇的九眼楼长城。
③明嘉靖《隆庆志》卷之一。
④明万历《永宁县志》卷之一。

分看重永宁地区的防务。明代在延庆设置了州的建制后，立即修筑了永宁县城①，设置了参将府和永宁卫所，永宁县城实际成了一座军政合一，而又以军事为主的军城，和隆庆州城②形成唇齿相依之势。伺机进犯之敌怯于两座距离不远的城堡随时可以相互驰援的态势，不敢轻举妄动。《隆庆志》称永宁城为当时州城之藩，那是再恰当不过的了。所以永宁城一直派有重兵守卫，而且在很长时间内驻军都比当时的隆庆州城多几倍。

永宁，堪称塞外军事重镇，京都屏障。

固若金汤的城池

20世纪50年代末到60年代初，延庆县保留了明代修筑的两座城池：延庆县城和永宁城。令人不解的是，明代在延庆设州，永宁不过是州辖的县，但永宁城的修建不仅早于延庆县城，而且比延庆县城规格高、规模大。

永宁城修筑早于延庆城

明代，在延庆设置了"隆庆州"。起初，州城因袭了元代的旧城，在修筑永宁城的同时只做了一些修整，真正的修建是20年以后的事情了。

永乐十一年（1413年），明成祖朱棣率军到北方巡视，越过八达岭长城，驻跸在今永宁城西15里的团山。看到

▲ 永宁城示意图

---

①永宁县城：今延庆县永宁镇政府所在地。
②隆庆州城：今延庆县政府所在地。

延庆地区"厥土旷沃,群山环峙,遂创州治,迁民以实地,命官以莅民"①。

从上面的记载可以看出,朱棣决定开发延庆,主要有两个因素,一是延庆土地广阔而肥沃;二是看到延庆地处长城之北,有"群山环峙"的自然屏障形成易守难攻的地理形势。第二点更为重要,朱棣首先要把延庆纳入京北的总体防御体系,想要把它建成重要的防御基地,使之成为京城的军事屏障。因此,他决定在延庆建州,即隆庆州;在永宁建县,隶属于隆庆州。"永宁"这个名字是"取《书》'其宁惟永'之义为名"②的。可见朱棣对永宁期望之高。永宁建县之后的第三年,即明永乐十三年(1415年),就设置了永宁卫,驻扎了军队。

朱棣的决定不仅对北京防御具有重大意义,而且打通了京城联系河北、山西、陕西等地的道路,对于西北雁门、宁武、偏头等三关的守卫起了重要作用。所以,朱棣之后的皇帝都遵循了他的战略思想,不断完善延庆和永宁地区的防务建设。为了达到朱棣的总体防御目标,18年后的宣德五年(1430年)三月,明宣宗朱瞻基命令薛禄统兵到永宁,率领部下修筑了城池。

永宁城的修筑距今已有578年的历史。

薛禄是胶州③人。因为跟从明成祖起兵,

▲ 永宁城旧貌

①明嘉靖《隆庆志》卷之一。
②明万历《永宁县志》卷之一。
③胶州:地名,今山东胶州。

京都屏障

5

建立了卓越的功勋，累次提升至左都督，封爵阳武侯，当时挂宣府总兵印。

左都督是明中央军事机构"五军都督府"的最高军事长官之一。朱瞻基命令一个卓有战功的高级军事长官，带领军队来修筑永宁城，表明了他对宣府东路的重点地区——永宁的高度重视；同时，也想把自己的思想明确地传达给薛禄，不但要薛禄亲自处理永宁地区的防务，而且必须派重兵保证永宁城的安全。

薛禄统兵至境，首先威慑了北方游牧民族，阻止了他们的侵扰，保证了修筑工程安全而顺利地进行；其次是解决了修筑城池的劳动力。

薛禄不辱使命，到达当地就勘测地形，并很快就做出决定，在灰岭下建城，而且当年结束全部工程。

一座拔地而起的城池，成了隆庆中部一道壮美的景观，也成了轰动当时隆庆州和宣府的重大事件，前来视察的官员和参观的百姓络绎不绝。

永宁城四边方正，城内布局严谨，城中央建有3层4面、高约20米的标志性建筑——玉皇阁①。登临其上，不仅可以俯视整座城池，而且可以瞭望城池四周，视野非常开阔。

玉皇阁是永宁城一道壮丽的景观，更是重要的军事观察所。

阁顶有一个高约1米的铜铸圆锥装饰，其下每层4面檐下均悬挂有名人题匾，其中最著名的是挂在正南面的长4米、宽1.2米的"文献明邦"金字匾，那是清末延庆知州刘凤镳题写的。"文献明邦"4字，使人嗅到了悠远的书香味道，突出表现了永宁地区文化底蕴

老城玉皇阁

---

① 据说，永宁玉皇阁是唐贞观十八年（644年）尉迟恭督建的。有人亲眼看见原阁第一层东北角有砖券门洞，洞内有龛，龛内有石碑，其上刻有"贞观十年，尉迟恭督建"等字样。可惜石碑遗失，上述说法无法确认。

的深厚和民风的淳朴。

阁底座为正方形，每边长约20米，砖券"十"字交叉4个门洞。门洞向外辐射4条大街：东曰善政、西曰广武、南曰阜民、北曰拱辰。4条大街的街口都建有牌坊，分书各街名称。大街顶端与环城马道相接，中间又分设若干小巷，共计33条。马道、小巷和4条大街纵横交叉，形成网络状的通道，军人戍守和百姓来往都非常方便。

阁东西两侧30米处，分别建有钟鼓楼。

除了西街的参将府在永乐二十一年（1423年）就已经建成外，修筑城池的同时在西门内建了永宁卫所，之后，又在几年时间内相继修建了各个官署。宣德六年（1431年），知县刘浚在永宁阁东、阜民街路北修建了县署，与在阁西善政街路边的参将府东西相对。同年，在东南隅建了隆庆左卫。宣德七年（1432年），在东南隅修建了中军厅。

城池修筑完毕，立即将临时设置在团山①下的县治和永宁卫治迁到城内；同时，将永乐二年（1404年）设置在居庸关的隆庆左卫也迁到永宁城。

薛禄在城址的选择上，准确无误地贯彻了朱棣的战略防御意图。我们不得不佩服古代军事家的眼光和才干。我们勘察了周围的地理形势，认为永宁城地址的选择有不可替代的唯一性。永宁，地处南北两山夹峙的平原之上，路当咽喉，锁定了辽金元三代开辟的南北驿道，锁定了明代宣府东来和内蒙古南来经独石口、黑峪口道路之要冲，成了敌军东进和南犯不可逾越的障碍。北山驻兵可以拦截，中部平原正好鏖兵。对于远途而来疲惫不堪而又被截杀的敌军来说，在永宁附近战斗显

①团山：永宁西北15里，明代属永宁县，今属旧县镇。

京都屏障

7

然十分不利。

何况还有南部山区的第二道防线，东部山区的纵深防御。驻守永宁，可进可退，回旋余地非常大。后来，鞑靼军数次进犯隆庆州。正统十四年（1449年），敌军不仅攻破了州城，而且焚烧了隆庆州署，知州王铭吓得带上官印跑回了北京，但永宁城却安然无恙，这足以说明永宁城强大的防御能力。

另外，从京城过居庸关、八达岭，绕过当时流量很大的妫河，可以直达永宁，交通很便利。若继续北进，越靖安堡、古北口，可以直达漠北；而西去宣府、东去四海的道路，又在这里连通。永宁是通南北、连东西两条大道交汇的枢纽。于是，永宁就成了重要的军事储备、调动的中转站。明成祖多次北征，都是取道永宁而继续北进的。

▲ 永宁城遗址

永宁——龙脉上的古镇。如果将延庆县地图上下左右分别对折，永宁城正处在这两次对折中心的交叉点上。永宁的中心，即玉皇阁的中心，正是今天延庆县全境的中心。而玉皇阁中心的南北延长线，北穿缙阳山的峰头，南穿十三陵，和天安门同在中轴线上。古人"面临陵寝，背负缙山"①的说法何等准确！这绝不仅仅是某种巧合。

①明万历《永宁县志》卷之一。

延庆城修筑于景泰二年（1451年），比永宁城晚了20年。那一年，明代宗皇帝朱祁钰因元代旧城"岁久倾圮"，已无法起到防御作用，才批准了隆庆州知州胡璇的奏章，命副总兵纪广率军重新修建。从战略防御意义上看，延庆城的地理位置显然不如永宁城。

永宁城的规模大于延庆城、规格高于延庆城

据乾隆《延庆州志》记载，永宁城"周六里十三步"[①]。古代6尺为步，6里13步约为3026米，如果按边长756.5米的正方形计算，永宁城的面积是572292平方米。

延庆城呢？"周四里零一百三十步"[②]，约合2260米，面积约319225平方米，比永宁城小253067平方米。

另外，永宁城方正，而延庆城东城长，西城短，南城从东向西收缩，并且城墙是一条曲线。

嘉靖二十二年（1543年），参将方振委派杨大节重修永宁城，将原城墙又增高4尺多。延庆城后来虽因嘉靖"二十七年（1548年）之秋、次年之春，北边大创，城几危。奉文，拨民夫修城，添高七尺"[③]。但仍比永宁城矮。

民国二十七年（1938年）《延庆县志》关于两座城的记载，是地方志书最后的记载，永宁城高3丈5尺，延庆城高2丈2尺，永宁城高出延庆城1丈3尺。

薛禄修筑的永宁城建造了"迎晖"、"镇宁"、"宣恩"、"威远"东西南北4座城门，4座城门都建有瓮城，明万历十七年（1589年），参将张国柱将永宁城原有的4门重修，又在4门之上修筑了巍峨耸立的城楼。迎晖

---

①清乾隆《延庆州志》卷之十。
②明嘉靖《隆庆志》卷之一。
③明嘉靖《隆庆志》卷之一。

京都屏障

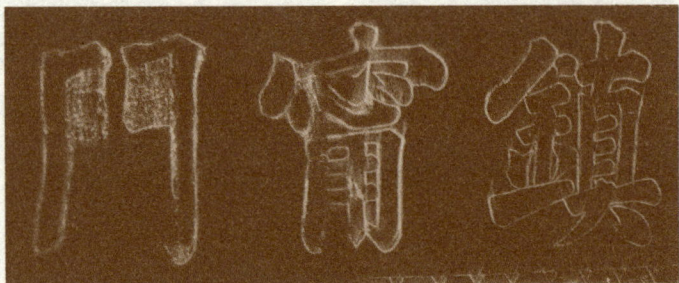

门上为文昌楼、镇宁门上为义勇楼、宣恩门上为朝阳楼、威远门上为玄武楼，而且城的四角还分别建有两层的瞭望楼。

纪广修筑的隆庆州城只有"奉宣"、"靖远"和"致和"等南、北、东3座城门，因而也只有3座瓮城。西门，直到157年后的万历三十六年（1608年）才因淫雨无法排泄而打开，但也只作为泄水的水门。

后来，永宁城又经过多次修葺，城池更加坚固辉煌。明正统年间，外城墙用砖石包砌完固。而延庆城就没那么幸运了。据清乾隆《延庆州志》记载，明嘉靖前，延庆城的外墙虽三次包砌，但始终没有完成。直到明万历四十四年（1616年），知州宋云霄修南关和新堡砖墙时才全部完成，比永宁晚了近200年。

一座州城从各方面比较都不如一座县城，这在等级森严的封建社会不但不多见，而且似乎有"僭越"之嫌，这在当时也不会被允许的。但永宁城和延庆城却依然原封不动地各自屹立了500多年，这究竟是为什么？

永宁城和宣府东路防御

答案很简单，永宁城是宣府东路防御的重点战略城池，而延庆城则次之。

因为"永宁属宣府东路，为陵京肩背，至要害也"[①]。

---

① 徐申《宣府东路参将黄明臣生祠碑》。

所以明代宣府共派出6个参将，其中一位东路参将，长驻永宁。永宁参将是当时镇守宣府总兵的下属官员，属于"行武官"系统。由于嘉靖二十七年（1548年）和二十八年，鞑靼俺答部连续两次进犯，宣府曾派副总兵移驻永宁。另外，永宁城内还建有中军官署。

两个卫是区别于"行武官"系统的另一个系统的军队，属于五军都督府下设的基本军事单位，在地方屯田、驻防。每卫大抵有5600人，下设前、后、左、右、中5个千户所。明嘉靖年间，永宁两卫军人虽有逃亡，但仍有官兵8000人。

一座城池，驻守两个系统4个军事机关，而且还有演武厅、校场、仓库、草场、急递铺、更铺等多种与军事防务相关的设施和建筑。从宣府东路设防的军事意义上讲，永宁城可以说是座军城，因而作为行政机构的永宁县则显得不那么重要了。

清顺治六年（1649年），永宁参将府在保留了181年后被裁掉。虽然永宁县存留了246年，但裁掉参将府的同时，永宁县也被裁掉而并入永宁卫。而永宁卫直到康熙三十二年（1693年）因地方太平，才将其辖地并入延庆州管辖，比永宁县晚裁掉44年。前后存留277年。永宁地区的军事机构比行政机构多存留31年。可见，明清两代永宁的军事地位一直比行政地位重要。

明代，各地区由军队和地方行政机构分别管理，并依据实际情况划分军队和地方管辖的范围。军城所辖地区自然以军事机关管理为主。永宁城就是这样。

清世祖虽然裁掉了永宁参将府，但将其辖地归入永宁卫，军队管辖的范围不但没变化，而且还增加了原永宁县管辖的地域。

4座城门，均属参将府守卫管理。4条大街和33条胡同，以南北大街中心为分界线，东半城属隆庆左卫，西半城属永宁卫。

永宁县只管理西北角一条叫"终食屯"的小胡同。

据明万历《永宁县志》载，永宁县辖5里。除了城内终食屯，城外只管辖顺风屯、团山屯、米粮屯、花园屯等4个里；另有旧县城、阎家庄城、香水园城、小屯城、车房屯城、孟官屯城等6个民堡。永宁城东和城西南无辖地，辖区南北距离仅6里，向西延伸仅13里，村堡多集中在永宁城西北，最远的也只有30里。

而驻永宁城内的参将府和两个卫所管辖的范围要比永宁县大几十倍。

两卫管辖的村堡有53个。自永宁县城向西延伸25里，南北阔20里，西南和西北最远延伸25里到30里。

参将府管辖的范围包括永宁城以东，以及两卫辖区之外的北部、南部山区，地域更加广阔。东部一直延伸到永宁城东60里的四海冶，即今天四海镇的全境，到达宣府东路防御范围东南的终端；北部一直扩展到40里之外，黑峪口山后的靖安堡，管辖原白河堡乡全境[1]。

参将，是设置在总兵和副总兵之下的武官，多为正三品的都指挥使、从三品的指挥同知、正四品的指挥金事等充任。

卫所长官是指挥使，为正三品。其下还设有两个指挥同知，为从三品；4个指挥金事均为正四品；两个抚镇是从五品。嘉靖二十八年（1549年）之后，驻守永宁的宣府副总兵，品阶多为正二品或从二品。一个二品大员纡尊降贵于一座辟邑小县实不多见，这足以说明永宁历史上军事地位的重要。

而永宁知县仅七品，隆庆州知州为从五品。不说那位副总兵，就说永宁城的参将和卫军事长官指挥使，

---

[1] 明万历《永宁县志》卷之一。靖安堡原是白河堡乡政府所在地，现被白河水库淹没。

就比永宁知县和隆庆知州高得多。可见永宁军事地位
的重要。

军城胡同

永宁城是座军城，因此城内处处留有军城的痕迹，
就连胡同的名字都带有军事色彩。这种现象不仅在延
庆绝无仅有，而且在北京郊区也极为罕见。

永宁除中心的东、西、南、北4条大街之外的33
条胡同，现在还可以说出名字的有27条。其中与县署

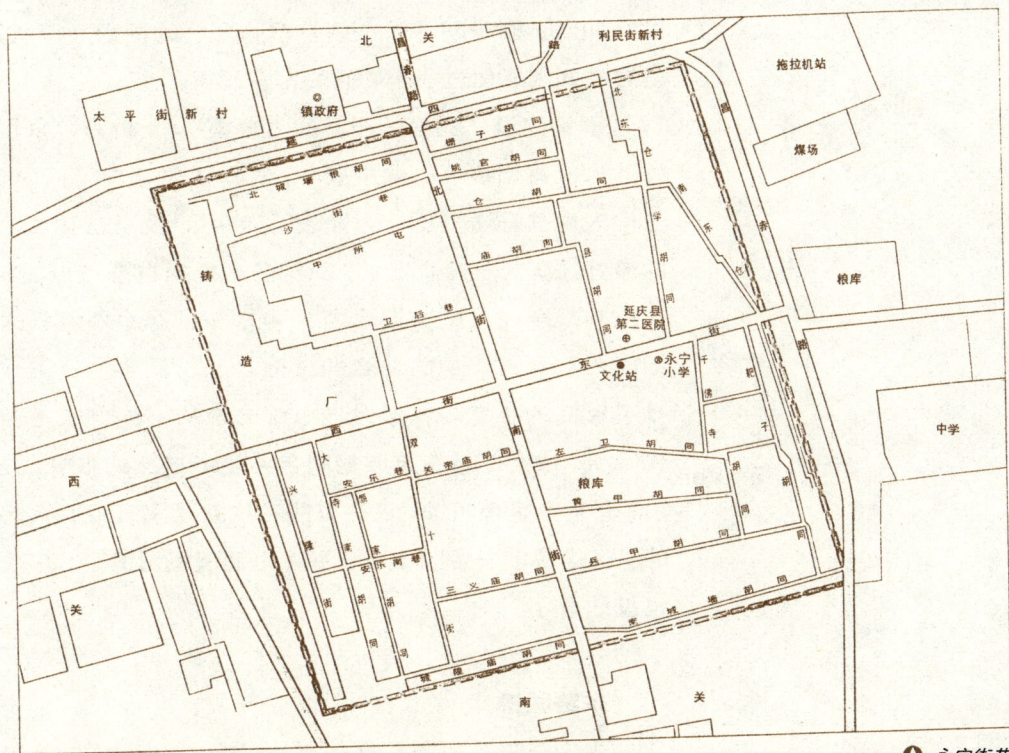

<figure>▲ 永宁街巷图</figure>

相关的1条胡同叫县胡同，与县学相关的1条胡同叫学
胡同，与庙宇相关的胡同有6条，如关帝庙胡同等，与
城墙相关的胡同有2条，其他类名字如终食屯、兴隆巷、
颜家胡同等有8条，其余9条都与军事机构、军事设施、
军官等有关。它们是左卫胡同、卫后巷、兵甲胡同、黄

甲胡同、仓胡同、北东仓胡同、南东仓胡同、栅子胡同、姚官胡同。栅子胡同因一侧有军队仓库的栅栏而得名，姚官胡同因居住过一个姓姚的军官而得名。

谁都知道"兵者凶器，战者危事"①。自古以来百姓就如躲避瘟疫一样躲避战争，对军队也非常厌恶。老永宁人说"好铁不捻钉，好人不当兵"，就是这种情绪的最好注脚。一般情况下，胡同名称根据自身特点，多选取与战争无关的字眼命名，可永宁带有军事色彩的胡同名称竟占了胡同总数的三分之一，怪不？这不是拗了百姓的心思吗？但对于永宁来说却不怪。既是明代军城，依据军城特点取胡同名称是很自然的事情。城内，那么多军事机关，兴许有些名字就是军官或士兵起的。这些名字一经叫出来，百姓也就慢慢习惯了，想改也没法改了。

东路城堡

永宁东路从西向东矗立有刘斌堡、周四沟城、黑汉岭堡、四海冶城等4个明代修筑的著名城堡。北路在黑峪口后有靖安堡②。

① 《三国志·蜀书·诸葛亮传》裴松之引张俨《默记》。
② 刘斌堡，今刘斌堡乡所在地，周四沟城，即今周四沟村，辖于四海镇，黑汉岭堡，即今黑汉岭村，辖于四海镇，四海冶城，今四海镇所在地。

北京地方志·古镇图志丛书 永宁

刘斌堡在永宁城东北10里，是明万历二十二年（1594年）修筑的。城墙为夯土筑成，周246丈，高3丈5尺。因城北不远即是山地，只南城外有永宁连接东路诸城堡的道路，因此只辟有南门。刘斌堡设防守1名，驻官兵315名。

　　周四沟城距永宁20里，明嘉靖十九年（1540年）建，隆庆三年（1569年）用砖包砌。城高3丈5尺，长270丈。呈梯形。北城长约200米，南城长约450米。其地理形势与刘斌堡相似，因此也只设有南门。城内设操守，有官兵551名。20世纪40年代，周四沟城保存基本完好，南门还在。

　　黑汉岭堡，明嘉靖三十一年（1552年）修筑，隆庆四年（1570年）用砖包砌。周2里10丈6尺，高3丈5尺，也只有南门。置操守1员，有官兵326名。

　　最东的是四海冶城。元代曾筑有庄疃堡。明天顺八年（1464年）在原址筑城，弘治十二年（1499年）用砖包砌。周1里264步，高2丈。万历三十二年（1604年）重修时，将城扩展为周3里，加高至3丈8尺。城内建有守备府，设守备1员，有官兵1031名。

▼ 四海冶城旧貌

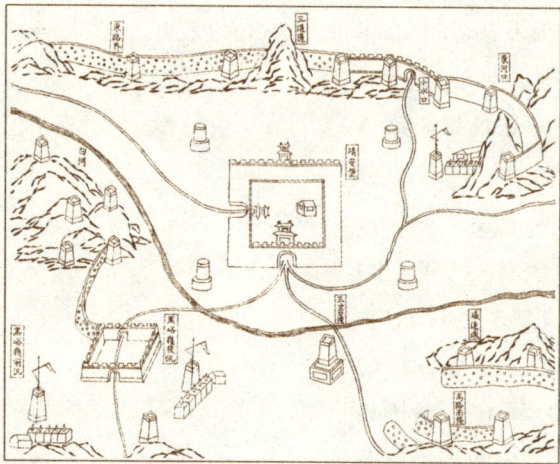

明代靖安堡防务图

四海冶城靠近长城，越过长城就是昌平，古人认为这里是极为紧要之区，若没有城池保障，则敌人可以长驱直入京城了[①]。因此，四海冶城不论在选址还是在建设上，都非常讲究。城坐南朝北，左右两山如双翼展开，而四海冶城卡住两翼中间的要塞，挡住要道，在战略防御上处于非常有利的形势。东侧城垣建于山上，其上又建有3座敌楼，即可用作瞭望，掌握敌人动态，又可居高临下发射火炮、弓箭，以及下礌石滚木。四海冶城依山就势，占据要塞，虎踞龙盘，雄视北侧要路，成为东路边垣第一军事要地。

永宁北有地位仅次于四海冶城的靖安堡，是明嘉靖二十九年（1550年）修筑的，67年后，扩建成周2里13丈，高3丈5尺的城。城墙用砖包砌。设守备1员，驻官兵888名。靖安堡是永宁北路设防的边缘，城较大，也很坚固。

永宁东10里处是刘斌堡、刘斌堡东20里处是周四沟城、周四沟城东10里处是黑汉岭、黑汉岭东南20里处是四海冶城，东路60里城堡均匀分布而连成一线，要路上处处设防。同时，在永宁城、刘斌堡、周四沟城、黑汉岭到四海冶城沿线，以及靖安堡和永宁城沿线设有驻兵墩台174座，烽火台42座，加上两卫守卫的区域，形成了长城以北、隆庆州城以东的东西长110余里、南北宽60余里的严密防线。

---

① 《长安客话》、《旋镇图说》。

◎北京地方志·古镇图志丛书

永宁

万里长城第一楼——九眼楼

万里长城，无数敌楼矗立在脊梁上。昔日，金戈亮甲，排列于城头；旌旗彩旄，飘扬于晴空，其严整威武之势足以震慑人心，使来犯之敌不寒而栗。而在诸多的敌楼之中，九眼楼以其特有的姿态独领风骚而雄踞于群楼之首，成为万里长城之上一个耀眼夺目的亮点。

九眼楼是长城之上建筑规模最大、规格最高、瞭望孔最多的敌楼，也是军事地位最重要的敌楼。因此，说九眼楼是万里长城第一楼，毫无溢美和夸张的成分。

永宁东路，以南山最为重要；南山防务，以四海冶为重点；四海的防务，以南路边垣为重点；南路边垣之上，以九眼楼地位最为突出。

九眼楼因每边有9个瞭望孔而得名。实际瞭望孔共计36个。这样多的瞭望孔，长城上的敌楼无出其右者。

九眼楼是明嘉靖二十二年（1543年），巡抚都御史王仪奏请皇帝用国库开支建造南山长城的同时修筑的。南山长城又称南路边垣，它对于京城北部防守意义重大，"自红门东至四海冶，西至羊头山，红门左右修墩十四座，墩墙相连"，"四海若有警，举炮火，顷刻可达居庸"[1]。

▲ 九眼楼

---

①明嘉靖《隆庆志》卷之六。

九眼楼在四海冶东南25里的火焰山上。火焰山海拔1141米，周围多奇峰峻岭，形势十分险要。九眼楼高居火焰山峰顶，连接着内外长城，形成了宣、蓟、昌①3个军事重镇接点。九眼楼防务的视野，已经远远超出它自身和南路边垣。这样重要的战略防御作用，万里长城之上又有哪座敌楼可与之相比呢？

九眼楼现存一层，明代诗人徐永胤登九眼楼时写道："北极层台天际头，凭栏景物望中收"②，"层台"两个字说明，九眼楼原来至少有两层。

▲ 九眼楼碑刻

九眼楼北侧有一个平台。平台上，在修整九眼楼时集中竖立了大小和形状不同的古代24通碑刻，都是2000年在九眼楼附近发现的，其上大都镌刻着歌咏九眼楼的诗文，署名多为明代军事家。如此多的军事家钟情于一座敌楼，也是长城沿线绝无仅有的。

穿过古代将士登城的小门，一座规模宏大而坚固的建筑就呈现在面前。它下部砌有宽大的花岗岩石条，石条之上是白灰嵌缝垒砌的大城砖。楼基和楼身呈正方形，每边长13米，高7.8米。顺砖砌的台阶爬上九眼楼，高3米的防护墙内有军士来往巡视的环行步道。步道宽1.2米。防护墙四边都有大小一样的9个瞭望孔。瞭望孔高1.65米，宽0.5米，上部呈拱形。防护墙内是九眼楼。楼四面各有砖砌拱券的门，出入极为方便。南北两门高2米，阔1.2米；东西

①蓟：蓟州，在今河北省易县附近。昌，昌镇，今北京市昌平区；宣，宣府，今河北省宣化市。
②徐永胤《次吴按台》。诗见2000年6月九眼楼出土碑刻。徐永胤曾任南山参将。

⊙北京地方志·古镇图志丛书

永宁

两门也高 2 米，稍窄，阔 1.1 米。楼内是砖砌的地面，面积宽大，可驻兵储器。南北各开两个对称窗子，楼内光线充足。为了排除雨水，四周都有伸出楼外的汉白玉石刻吐水嘴。

从瞭望孔向西看，还有一座敌楼，现还保留单片楼墙，被称为"单片楼"，距九眼楼仅 100 米左右。两座敌楼一左一右，形成掎角之势而相互呼应。假如来犯之敌登山攻城，两座敌楼可形成交叉的火力阻击，使敌人陷入非常被动的境地。

九眼楼之下的西北方向 300 米处，明代曾建有营城。城内原有 10 多间驻军的营房，现已恢复重建。长城大多数地段的防御军队驻扎在长城之内，而此处却驻扎在长城之外，一来是因为长城之内山势陡峭，攀登极为困难；二来四海冶在长城之外，九眼楼守军驻在城外，可以和四海冶军队协防。

登楼俯视，北侧山势较缓；而南山崖却如刀劈斧剁一般，山势骤然而下，直落万丈谷底。九眼楼东北连接外长城，西侧连接八达岭长城，南侧山谷又一道长城，连接了更南面山头的内长城。古长城三道城垣在峰头谷底，尽情伸张自己得意的姿态，宛若三条长龙，昂首摆尾，欲飞欲纵。而九眼楼兀立于峰巅之上，孤独而强大。一座敌楼，连接内外长城，绾系蓟、昌、宣 3 个重镇，居高临下而控制孤悬，令人惊叹不已。

军城将士

古长城作为一种界线，既分界了南北，又是农耕文化和游牧文化冲撞和交融的象征。永宁，处在内外长城之间，两种文化不断冲撞，又在冲撞中相互取长补短，在相互融合中发展。

悠长的历史走过这片土地，命运注定了它必然从纷乱中走来，而特殊的地理位置又注定了这种纷乱不断在争斗中产生，又在争斗中平息。永宁的建制沿革大体是这样的：五帝时，为缙云氏管辖。夏属冀州。商、周两代属幽州地域。春秋战国时期为燕国领地。

秦朝分天下为36郡，永宁辖于上谷郡。汉代上谷郡领15个县，在永宁地区置夷舆县。后汉撤夷舆县归入居庸县。晋沿袭后汉设置。隋属怀戎县。唐初属妫川县，唐末设置儒州，在永宁西境置缙山县。辽为缙山县。金为缙山县之神峰乡。元属龙庆州。明代设永宁县。清代撤永宁县归并延庆州。民国时期，归属于延庆县，直至今日。

永宁地区战争纷乱。自炎黄之战后，历代战争频繁，大大小小的战争不计其数，仅史籍记载的大战乱就有6次。这6次战乱，都造成了永宁地区建制无存，地区荒无人烟。少数土著人躲入深山老林不敢露面，过着与世隔绝的日子。永宁，经历了六度废兴才走到今天。即使明代在今天的延庆县设置了州县两级行政机构，又不断加强戒备，在相对稳定的情况下，依然战火不断。每次，都是鞑靼铁骑纵横驰骋，烧杀抢掠而去。正统十四年（1449年），著名的"土木之变"之后，正德十年（1515年）鞑靼入寇，十一年鞑靼又来；嘉靖十一年（1532年），鞑靼破西海（今青海），很快由宣府进入永宁境内，大掠而去。最严重的是嘉靖二十七年（1548年）和二十八年鞑靼俺答部两次侵入境内，当时隆庆州和永宁县境内的130座城堡几乎全部被攻破，隆庆州城和永宁县城之外满目疮痍，只剩下十几个城堡孤零零地矗立在烽烟中。隆庆和永宁两地的户口由3420户骤减至1462户；人口由21118人减损到11165人，锐减53%。

嘉靖二十七年（1548年）以后的16年间，隆庆、永宁连续遭受兵燹8次，给地方造成了巨大的破坏。"吾州自戊申（嘉靖二十七年，1548年）以来，被兵者八，野无青草，室无悬磬。调遣繁而闾里绎骚，招买多而盖藏悉匮。"[①]

青山垂泪，白水默流。每次战乱后的永宁都陷入长期痛苦，但永宁人并没有在硝烟战火中倒下，而是在战后艰难奋起，清除瓦砾，重建家园，再次垦殖铁蹄践踏过的土地。世世代代的永宁人以韧性的忍耐和努力，经历了今人无法想象的艰辛，才使永宁走向了后来的繁荣。

军城，总面临战争；军城，自然尚武，自然出现了许多叱咤风云、智勇双全、不怕牺牲的名将。

明朝中叶以后，政治黑暗，官员腐化，士兵不断逃亡，战斗力逐渐减弱，但永宁的军队却在一群名将的带领下舍生忘死地为保卫永宁而战斗。

治军严格的莫过于黄明臣。黄明臣生于江西九江县，以千户充任永宁参将。他聪明而有才智，治理军队很有办法，不但训练严格，赏罚严明，而且关心体恤部下和士兵，防务也很有方略。他调整军队部署，检查各地军队训练情况，督促各地整修城堡。在他任职的8年期间，鞑靼人不敢进犯。永宁东部山高谷深，经常有强盗出没，他派兵侦察强盗的活动，并亲自带兵抄捕，使永宁地区得到安宁。后来，他升任昌平总兵，军人和百姓为他建立祠堂纪念他。

讲究策略的莫过于汤勇。汤勇任四海守备。嘉靖年间，鞑靼人的一个部落数次进犯四海地区，搅得四海周围很不安宁，百姓纷纷逃离。因敌人是骑兵，来去很快，抢掠之后迅速撤离，汤勇几次领兵追剿都没有成

① （明）王时举《延庆辞文庙别生徒记》。

京都屏障

功。于是，他改变了策略，命令旗牌官陈大龄到鞑靼部落驻地下书，请其部落酋长到四海议事。鞑靼酋长到了四海冶，汤勇告诉他，正准备派大军对其抄剿，劝他投降，不然将死无葬身之地；即使长期打下去，双方都各有伤损。敌酋长见汤勇言辞剀切，愿意作为他的部下，带领部落投降了。从此，四海地区得到安宁。

敢于出生入死的莫过于解生。出生宣府的解生是永宁参将。嘉靖三十一年（1552年），鞑靼部落接受盟约，1000多人迁入永宁境内，分4部，定居四海冶、周四沟、永宁卫、靖安堡等4个地区，在附近的空地放牧。每月按规定拨给他们粮食，年终给奖赏。30余年，边境安然无事。但其头目过惯了不劳而获的抢掠日子，万历十八年（1590年）六月，带领部落所有人马突然叛离，复为边患。解生非常震怒，探清了敌人的驻地，挑选了36名勇士，乘快骑忽然出现在敌人巢穴；向敌部族头目问罪，斩杀了不服者，自己无一损伤，大挫了敌人的锐气。万历二十一年（1593年）五月，又有170余人的小部落归顺，被分配在永宁城北黄峪口、烧窑峪、白草洼、古城等处居住，成了永宁居民。

忠烈不屈的莫过于孙刚。出生于宣府的孙刚，因为屡立战功而被授予永宁都指挥，受命守卫永宁城。正统十四年（1449年）七月，鞑靼入侵，迅速包围了独石口、马营城堡。守备杨俊抵挡不住，弃城逃跑。孙刚听到战报，立即带领本部人马赶去援助。但敌众我寡，孙刚很快被敌人层层包围。他冲杀数次，自知无法突围，为了不受敌人欺辱，自杀身亡。时任御史的叶盛听到孙刚的事迹，非常感动，很快奏明朝廷，为他建了义烈祠，供后人祭祀。

为官清廉的莫过于桂一枝。桂一枝是周四沟操守。为人豪爽侠义，不仅作战十分英勇，而且有谋略。明代军队常常拖欠军饷，但他从不拖欠部下官兵的军饷，有时上级没有按时拨放，他就用自己的积蓄给大家发饷。按他的职位，官阶应是四品上下，年俸禄为288石左右。这个数目在当时已经不小了，可他去世的时候，连给自己买棺木的钱都没存下。永宁参将张深对他敬重而惋惜，为他备了棺木，将他埋葬。当地军民听说了他的事，不少人为之垂泪。

张勋、黄尧臣、魏廷臣等，都是出生于永宁而在外地任职的将军，事迹无一不可歌可泣。为了抗击外辱，他们全都轰轰烈烈捐躯沙场。

他们的行动感动了永宁人，就连永宁县学读书的学生也不屈不挠。比如，张允，嘉靖年间被鞑靼人抓去，百般劝说要他投降，但他宁可自杀也不屈服。

清代的张继圣值得一提。张继圣，字开来，江都（今江苏省江都县）人。雍正五年（1727年），由京城调任靖安堡守备，由于治理地方有方，很快被提升为永宁路都司。他一上任就整饬营务，抚循士卒，同时还为老百姓做了不少事情。比如，过去由于军队封闭了营盘口道路，永宁城附近靠卖木柴和木炭过日子的百姓，由于不能上山砍柴，很多人没了生计。有的人将木柴木炭偷运出山，又多被官兵抓住。张继圣了解到这个情况，马上向上级请示开禁。永宁城附近的百姓生活有了保证，城镇也有木柴和木炭烧，永宁人没有不说好的。他还动员当地士绅捐助，修复了原来的旧县学，使学生有了读书的地方；另外还经常召集文、武学生，请名士到自己的官署中传授文武学业。张继圣死后，吊唁的永宁人不绝于道。

历史遗存

    有文字记述的永宁历史有500年。难道500年间永宁人都不知道传说和历史孰轻孰重？非也。永宁人只是没有忽视传说的价值。因为他们知道，传说并非都荒诞不经。没有文字的远古时代，所有的事件都靠口头流传。

缙云故都

目光回归天荒地老的年代，无法测度的绵长延伸了永宁的历史。古镇永宁，经历了漫长而纷纭复杂的变革，沉淀了厚重的历史文化。

这似乎仅仅是一个传说，永宁——缙云故都。

但《永宁县志》却明确记述道：永宁"唐，缙云氏所都"①。《隆庆州志》也作了相同的记载："永宁县在州城东四十里，本唐儒州地，辽以缙云氏故都立缙山县。"②而后来的地方志书也都采取了上述说法，如1993年编纂的《延庆县地名志》，在永宁镇一节记述道："永宁，五帝时为缙云氏所都。"

有文字记述的永宁历史有500年。难道500年间永宁人都不知道传说和历史孰轻孰重？非也。永宁人只是没有忽视传说的价值。因为他们知道，传说并非都荒诞不经。没有文字的远古时代，所有的事件都靠口头流传。传说就是远古历史。谁都知道《史记》是我国史籍经典，司马迁作《史记》时，就依据传说写了《五帝本纪》，这还不足以说明远古时期传说的史学价值吗？

缙云氏是谁？

缙云氏是一种官职的名称。远古时期黄帝分封的官员都用"云"作为名字。《集解》引应劭的话解释说："黄帝受命，有云瑞，故以云纪事也。春官为青云、夏官为缙云、秋官为白云、冬官为黑云、中官为黄云。"夏官，相当于后来的大司马，主管军政、军赋等。缙云氏活动于距今5000多年前。

---

① 明万历《永宁县志》卷之一。
② 明嘉靖《隆庆志》卷之一。

⊙北京地方志·古镇图志丛书

永宁

缙云氏在永宁立都，和《隆庆志》的另一处有关山的记述有很大关系。"阪山，在州城北十五里。轩辕与炎帝战于阪泉之野，即此。其下有阪泉。"[1]许多历史学家认为这一记述可靠，也有人认为炎黄之战发生在涿鹿，双方各持己见。我们认为这种争论没有太多必要，为什么不把眼光放得更远一些？延庆距涿鹿仅100余里，战争的奔突追袭范围很大，何况是决定生死存亡的三次大战，把延庆和涿鹿一带都作为阪泉之战的阔大战场不更合理吗？

既然黄帝与炎帝的阪泉之战在延庆和涿鹿一带，而且黄帝取得了战争的胜利，那么，他的臣子在永宁建立都城又有什么奇怪的呢？

缙云氏在永宁立都，留下了和他相关的缙阳山、缙阳寺、缙山县、缙阳军[2]、缙山书院等诸多痕迹。

地区考古证明，永宁地区人类活动的起始时间远比缙云氏在这里建立都城要早得多。

考古发现

永宁地区的文化是延绵不断的。永宁地区不仅有大量地上古代文化遗迹，而且这里还发现了大量地下文物。永宁地区文物和文化遗存，闪耀着永宁古镇的历史文化光辉。

1992年，北京市文物研究所和延庆县文物管理所协同普查延庆文物，工作人员惊喜地发现了延庆地区竟有新旧石器时期遗址9处。其中，永宁北山后的黑河和白河交汇处的南土山上发现石片、石核、石钻、石刀、

▲ 旧石器时期砍削器

► 新石器时期的石斧

砍削器等旧石器200余件，初步断定为五六万年前的遗留物。这说明，延庆和永宁地区早在五六万年以前就有了人类活动。

这一件打造精美的石器——石斧，不知传递了多少代，经过了多少人，花费了多少时间琢磨。但可以肯定的是，使用它的人地位一定很高，而且对它一定爱不释手。

已经发现的明清两代永宁辖区内新石器时期的文化遗址共有5处。它们是永宁、旧县、小孤山、金牛山、阎庄子。

延庆县文物管理所收藏的包括永宁地区的新石器时期的石斧、石锄、石锛等石器17件。这些石器大约产生在六七千年前。

永宁东小营村出土的保存完整的陶鬲，是延庆地区保存最为完好的夏商文物。它的珍贵之处就在于，它不仅说明了夏商时期永宁地区的手工艺已经很发达，也说明了永宁地区当时的繁荣。

考古发现，延庆有距离3000年至2500年前的春秋战国时期山戎族墓群6处，其中，明清两代永宁辖区内就有旧县、古城、永宁等3处。

1985年至1987年，北京市文物研究所考古队在古城和玉皇庙两处进行发掘。在总面积达19000平方米的400余座墓葬中，出土金、铜、陶、玉、石、骨、蚌、

▼ 汉代陶器

玛瑙等各种文物20000余件。这些文物具有独特的山戎文化特征，其中鎏金贝的工艺水平非常高。山戎族是个逐水草而迁徙的民族。这不但说明春秋战国时期，永宁地区水草丰茂，自然条件优越，而且也说明那个时期，永宁是游牧文化和农耕文化的交融地。

这些断壁残垣是秦代外长城的遗迹。它是在燕国原长城基础上修筑的。《延庆州志》载："古长城，在州南二十里，即燕塞。燕昭王用秦开谋，置上谷塞，自上谷以北至辽西。秦始皇因其旧址而大筑之。至今岔道以北，迤逦而至永宁一带遗址犹存。"[①]

这些遗迹表明，永宁地区的军事地位，在春秋战国和秦朝就引起了统治者的重视。

汉代以后的文物就更多了，说明汉代之后，永宁地区已经逐步走向繁荣，而明清两代，又奠

长城遗址

① 清乾隆《延庆州志》卷之八。

历史遗存

29

▲ 出土火器（从左至右：铜炮、三眼铳、炮弹、铁雷）

定了今日永宁的基础。出土的明清两代文物更多，分布更普遍。

在出土的明代文物中，兵器占有很大比重，除了传统的刀枪等冷兵器外，大炮、炮弹、铁铳等火器很多。这些火器在永宁以东沿线各个城堡，一直到九眼楼长城均有发现。

名胜古迹

永宁在妫川盆地东部，古称"东川"。

东川名胜古迹俯拾皆是，这些名胜来源有三：一是东川景色壮观美丽，历代帝王经常在这里驻跸，并建有多处皇家园林，金章宗和元仁宗就出生在东川，因而留下了很多令人神往的古迹；二是东川为宣府东路防御重点地区，因而军事遗迹很多；三是旧时东川宗教盛行，因而寺观庙宇遍布城乡。

雄奇娟秀的自然风光

永宁，山水相依，既有"势压昆仑北，雄吞渤海西"①的塞外雄浑大气，又有"夹岸山屏展，穿沙水带萦"②宛似江南的柔美。

那山那水把凝重与灵动天衣无缝地结合在一起，令人神往留恋。难怪元代诗人周伯琦进入永宁地界就发出

①高胜云《岔道黑龙潭览胜》，诗刻于延庆县岔道黑龙潭石壁。
②选自《元诗纪要》，周伯琦《居庸东北路》。

⊙北京地方志·古镇图志丛书

永宁

"谁信幽燕北，翻如楚越东"①的惊叹了，连那些封建帝王都留恋不舍而驻跸不去，文人墨客自不必说了。

周伯琦惊叹的是妫河春季景色。

妫河，长约百里，源于海陀山南麓，曲折宛转经玉都山、龙庆峡、旧县而进入永宁西部的上磨村，又经金牛山南下西折而流经延庆县城南，最后注入官厅水库。妫河是延庆最大的河流，昔日，宽度三四十米，流量达到每秒2立方米，夏日汛期水流更大，浩浩荡荡，气势凶猛，声响"不啻轰雷战鼓"②。

▲ 风光迷人的妫河

春季是妫河最美丽的季节。大片大片的绿色鲜灵灵扑面而来，又尽情向远方涂抹开去，呈现出大写意的浪漫放纵；而河两岸却又近似工笔的细腻，一枝一叶都笔触清晰。偶有小树花点缀其间，火焰般闪烁，又十分明丽而精致。

妫河极清澈。她那三步一折五步一转的迂回婉约的样子，颇似一个不加任何修饰的小姑娘，由着性儿在草滩和林间闲逛，脚步时而快活成激湍，时而又漫步成潺湲，走出许多曲折来。

阵阵清风徐徐吹来。那风爽而不凉，柔而不腻，而且干净得教人嗅不出任何味道来。那风吹的是大自然的亲切和爱抚，展示的是极高的环境质量。

透过绿树，农家田舍隐约可见。炊烟在高树的枝叶间袅袅上升，描绘出一幅绝妙的田园图画，而且意境十分恬适悠远。

群山环峙特殊的环境形成的地形雨，使妫河别有一番情致。那远远近近深深浅浅的绿就绿得透彻而深

①清乾隆《延庆州志》卷之十，周伯琦《缙山县》。
②明嘉靖《隆庆志》卷之一。

切，偶尔有淡黄倘或朱红、暗紫的野花，就显得更加润泽而鲜嫩。

　　然而，永宁城的东、南和北三面的高山又纵横捭阖，如海浪般推涌开去，起伏跌宕，延绵几十里，气势异常恢廓而壮观。永宁就是这样，山透着塞北的雄浑，水流淌江南的柔美，而且山水相依，造就了雄浑与纤秾、劲健与飘逸、典雅与自然的和谐统一。

永宁八景

　　各地均有八景之说，永宁县也有"独山月夜"、"缙阳晴岚"、"上关积雪"、"红门春晓"、"苗乡秋稔"、"宝林钟韵"、"海陀飞雨"、"峪口樵归"八景，但永宁八景却因各有风韵又绝非落入俗套。然而，东川胜景如云，又何止八景！州、县官员和文人选此八景，只是仁者见仁，智者见智罢了。

独山月夜

　　独山，即团山，在永宁城西北15里处。山虽不高，海拔仅791米，但一峰独秀，突兀挺立于东川平原，显得异常突出。

　　古人云："不待有月，而旷野流辉。盖山岚夜朗，

▶ 独山月夜

⊙北京地方志·古镇图志丛书

永宁

无论四时晦朔，常若中秋望魄焉。"①无月尚如此，月圆就更美了。若月夜沿小路曲折攀上峰巅，举目而望，天随视线高远，月在中天，如初磨之镜般朗润；下临大地，四野则漂浮荡漾起来。此时，才真正看到月光如水的原本样子。脚下的村庄田陌，若在薄如蝉翼的轻纱之中而陷入朦胧迷离；妫水如带，渐行渐远，两岸的景色随远行的目光，渐渐被烟雾拥抱，直至混沌不清。大地进入了睡眠，周围极其宁静，偶尔有一两声虫鸣，反而将宁静叫得更深邃。时有清风慢惹襟袖，挟一阵阵细悠悠的香气袭来，却不知来自何处的小树花。

啊，"月白风清，如此良夜何！"②

古人咏叹独山月夜的诗篇不少，唯"夜深饮过仙人露，化作嫦娥玉镜台"③两句更切入情景。美酒醇如仙人露，山化作美女毫无瑕疵的镜台，高悬的明月如明镜被山头托起。想象嫦娥飘然而至，依镜台梳理打扮，然后相邀对酒而歌，酒酣耳热，轻歌曼舞，人不沉醉才怪呢！

因景致独特而富有诗意，明代也将其列为隆庆八景，清代沿袭明代的说法，将其列为延庆八景，并对其高度赞扬："冠云拔地，罨翠凝寒，蟾辉野旷，鹤唳松杉。午夜天空，孤峰影直，蓬壶阆苑不过是矣。"④

缙阳晴岚

缙阳晴岚一景，在距永宁城北10里的缙阳山下。缙阳山因缙云氏得名，古称缙云山，也称龙安山，因山下有缙阳寺，所以也称山为佛爷顶。主峰达1258.4米，是永宁城北最高的山峰，也是永宁的坐镇之山。由于山势挺拔高耸，峰顶年平均气温在5摄氏度左右，最低气温

①明万历《永宁县志》卷之一。
②苏轼《后赤壁赋》。
③明嘉靖《隆庆志》卷之十，范镃《独山月夜》。
④清乾隆《延庆州志》卷之十。

为零下30摄氏度以下。缙阳山面临东川沃野，背后群山耸翠。"每遇昼晴时，气清天朗，瑞霭横郊"[①]。登缙阳山，即使天晴气爽，也给人"非云非雾亦非烟，多半晴天似雨天"[②]的感觉，脚下的景物自然就在亦真亦幻的奇妙情形之中了。所以《永宁县志》说："《汉书》以海市为蜃吐楼台，兹'缙（阳晴）岚'仿佛其光景矣。"[③]清代，也将其列为延庆八景，名为"缙阳远眺"，赞美道："南顾群岫，西揽州原。若天清云淡，则双眸凭远，神况欲仙矣。"[④]

上关积雪

上关，在永宁县城东北15里山上，古有外长城关口，曰上关。附近"峻岭阴崖，时有积雪，即三伏中，亦如滕六阻肖使君者。古诗谓'六月飞雪下寒江'，盖亦有见"[⑤]。非是六月真有飞雪下降，而是"山深古涧藏冰冻"[⑥]。由于山高谷深，阴谷内有积雪冰冻常年不化。山崖之上绿树碧草葳蕤繁茂，而山底却覆盖白皑皑冰雪，那可真是山间夏日奇观。

当然，最令人神往的还是冬季大雪。那雪被风挟持，铺天盖地而来，霎时间群峰堆粉铺玉、银装素裹。雪花在空中如白色的蝴蝶随风飞旋曼舞，与峰峦动静相映，动的带动静的，巍巍峰峦似乎也在舞动，蔚为壮观。

红门春晓

春日拂晓，灿烂的霞光将迎晖门及门上的文昌楼染成一片橘红，使之显得更加瑰丽壮观。登楼远望，永宁东郊的校场、平畴和山峦在霞光中铺展开来，山川水

---

①明万历《永宁县志》卷之一。
②《隆庆志》卷之十，罗存礼《缙阳晴岚》。
③明万历《永宁县志》卷之一。
④清乾隆《延庆州志》卷之一。
⑤明万历《永宁县志》卷之一。
⑥明嘉靖《隆庆志》卷之十，张升《山行》。

色光彩耀动,飞鸟在霞光中鸣叫,有细悠悠的花香飞上城头,此情此景足以令人心旷神怡。古人称赞说:"有古诗'光透玻璃影,晴熏锦绣香'色相",又说,"纵眸俯仰,当不异登春台矣。"①俯仰之间,满目春色,确教人精神振奋。莫怪罗存礼情不自禁地为之作诗,道:"东郊曙色彩云连,河水溶溶绕县前。近市蚁浮新酿酒,远林鸦散早炊烟。"②曙色如彩云,溶溶河水也半是瑟瑟半是红了。炊烟中早饭和新酿好酒的味道一并飘来,诗人未酌先醉了。

苗乡秋稔

苗乡,山名。在永宁城"西北四十五里,有苗乡东、西二岭"。岭下地势平坦,"泉□土壤肥,偏宜播百谷"③,乃永宁县和隆庆州主要产粮区。秋天,遍地庄稼在秋风中翻滚金浪,呈现出一派丰收景象。农民心里自然高兴,军政官员也喜欢,他们认为:"岂但农夫之慰,更饶军饷之需。"④

明代,永宁地区不但不很安宁,而且多有自然灾害。据《永宁县志》载,从永乐十五年(1417年)到嘉靖三十八年(1559年)的142年间,丰收只有7次,而水旱灾害和饥荒却有9次。最严重的是正德十三年(1518年),开春闹大饥荒,百姓饿得只吃禹粮石。真正看到"晓来十里稻花风,村北村南慰老农"⑤的情景那是很难的。既然丰收来之不易,把苗乡秋稔作为一景,就是理所当然的事情了。

宝林钟韵

"天外吼鲸音,知是云藏寺。断续暮云表,随风坠

---

① 明万历《永宁县志》卷之一。
② 明嘉靖《隆庆志》卷之十,罗存礼《红门春晓》。
③ 明万历《永宁县志》卷之一。
④ 明嘉靖《隆庆志》卷之十,赵羾《苗乡秋稔》。
⑤ 明嘉靖《隆庆志》卷之十,罗存礼《苗乡秋稔》。

墟市"①，这是明代负责经略隆庆州和永宁县开发建设的前礼部尚书赵羾的诗句。鲸吼，指的是钟声。古人说海边有一种野兽叫"蒲牢"，害怕鲸，鲸鱼击蒲牢，蒲牢就大叫。所以钟上都铸有蒲牢。于是，人们就把敲钟的大木谓之鲸。钟声是看不到的，为什么也作为一景呢？诗人又为什么对"宝林钟韵"偏偏很钟情呢？其实，那景色就在诗中。诗人告诉人们，用心灵去听那余韵袅袅的钟声，就可以想到云雾，进而想到云雾缥缈中的寺庙，那景致不就成了跃动在想象中的图画了吗？

宝林寺在永宁城西南，离城15里。寺内建有钟楼，悬挂巨钟。钟声洪亮浑厚而纯正，余音悦耳。清晨和傍晚僧人撞击巨钟，那声音确如赵羾所说，可以随风坠落在市镇，传到十几里之外的永宁县城和隆庆州城。

海陀飞雨

海陀山，属燕山山脉，山体东西走向，横16.9公里，纵28.4公里，较高的山峰有5座，主峰大海陀海拔2241米，为延庆第一高峰，北京第二高峰。因此，登上城楼向西北眺望，距离永宁城22.5公里的海陀突兀而起，刺破青天而巍巍矗立的壮美姿态即刻进入视野。

夏季，大海陀一带层峦叠嶂的群山阻挡了南来的湿润空气，常有云雾携带细雨，从此峰缠绕到彼峰，山头降雨，山谷却晴朗无云。《延庆州志》对这种奇特的现象作了生动描述："高耸薄霄，环带群嶂。若轻风屑雨，则湿霭轻岚，微风迎目，恍在蓬莱烟雾中。"②这是在山里看到的海陀飞雨，而山外的飞雨就更为壮观。妫川雷雨多生发在大海陀山麓，乌云积于山谷，起于山顶，闪电过后，迅雷炸开，大雨随即而来。云如万马飞腾，雨如瓢泼下注。大雨挟持雷声风声雨声，气

①明嘉靖《隆庆志》卷之十，赵羾《宝林钟韵》。
②清乾隆《延庆州志》卷之一。

▲ 海陀飞雨

势磅礴地向平原推进，瞬间即飞落在面前。在永宁看到的是后者。

"群山相围独争高，怒拥玄云上碧霄。奋击毒雷驱海苦，大施甘雨泻天瓢。岩前飞瀑飘银练，天外长虹卧锦桥……"①赵羾的诗对这种瞬息间天气变化的奇特景象的描述可以说很生动。

峪口樵归

永宁周围的山高谷深，怪石嶙峋，距离永宁县城西北20里的峪口，就有一块酷似樵夫背着山柴归家的巨石，因而被命名为"峪口樵归"。

昔日，永宁地区的樵夫很多，打柴、卖柴是永宁人主要营生之一。每逢集日，永宁市场不乏担挑、人背、牲口驮的卖柴人，这种营生从明代开始到清末一直很兴旺，清末已经形成了一种小规模产业。"落日负薪归，长歌起延濑。登登不惮劳，欲向城中卖"②。诗人真实描述了明代永宁樵夫的生活。清末，永宁的椴木炭直接供应宫廷使用。左所屯的吴恩发专门收购永宁地区烧

①明嘉靖《隆庆志》卷之十，赵羾《海陀飞雨》。
②明嘉靖《隆庆志》卷之十，赵羾《峪口樵归》。

制的椴木炭送往皇宫。他家养了3把①，共计15头骡子和3头毛驴，每天轮换有1把骡子和1头毛驴驮运1000多斤的木炭进京，并靠这宗生意发了家。由此可见，把一块巨石作为一景，在永宁丝毫也不奇怪。

其实，永宁的奇石多了去了，比如棋盘石、燕石、石鼓、利金石、风动石等，其中多数还没被发现而命名呢！风动石在永宁城南10里青龙峡谷的青龙庙旁。用手轻轻一推就动，用力推反而不动。据说，大风就可以把它吹摇动，奇了！利金石在永宁城南10里的四司山中，一块几个人抱不过来的巨石，只要两个人就可以摇动。因之，就用"二人同心，利可断金"②说法命名了。

永宁八景诗

独山月夜

（明）赵玼

海月天风吹，飞上孤峰顶。

青冥缘有梯，翻嫌桂宫冷。

脚踏琼瑶台，手弄山河影。

俯视讶沧瀛，周回三万顷。

（明）罗存礼

郭外峰峦拔地青，婵娟月色应玑衡。

荥阶叶落雕弓细，桂殿花开宝鉴明。

仙岛遥连三万里，皇都近接九重城。

宫壶漏转闾阎静，鸡犬无声梦不惊。

---

①骡的计数单位，每把5头。

②明万历《永宁县志》卷之一《舆地志》。

⊙北京地方志·古镇图志丛书

永宁

（清）胡焘

独山风景望无边，凉夜徘徊月整圆。

万里飞沙清极寒，一轮明镜挂中天。

峰高只影摇琼岛，水净双丸浴清泉。

为此长空真皎洁，何从障蔽有云烟！

缙阳晴岚

（明）赵珙

雨过岚光生，势与秋色敌。

天际翠眉浮，烟中螺髻湿。

我欲扪岩扃，衣沾何足惜！

仰天歌一声，万峰青欲滴。

（明）罗存礼

非云非雾亦非烟，多半晴天似雨天。

岩谷昼寒松暗霭，园林春暖草芊绵。

娇莺弦管声微度，老蜃楼台影倒悬。

百尺峰头近牛斗，错疑胜地吐龙泉。

（清）胡焘

风静天高万象涵，缙阳北望爱晴岚。

烟凝叠嶂蒸苍翠，日接重峰染蔚蓝。

十里山光红雨过，千寻塔影绿云含。

灵奇久志龙安寺，石佛慈祥惠泽覃。

上关积雪

（明）赵珙

大雪满边城，睥睨疑玉础。

云间叠翠迷，天外银屏倚。

寒生击柝楼，冰立悬崖水。

马滑阻遏晞，恐遇韩湘子。

（明）罗存礼

冰花万叠拥岩峣，谁遣滕神出绛霄？
琼岛连云寒影合，玉门和月曙光饶。
苏卿使节过秦塞，郑綮吟鞭度灞桥。
闻说远人瞻瑞世，争持贺表献天朝。

（清）胡焘

天门险要傍神京，雪后晴峰画不成。
有树皆从琼岛种，无人不是玉山行。
边城远列千层白，落日斜烘一片明。
卷地寒风吹几阵，杨花乱逐马蹄轻。

红门春晓

（明）赵羾

路从谷口入，曙色东方动。
青山嶔四周，黄鸟时一弄。
溪回径转迷，风暖花香送。
不逢异人出，恐是桃源同。

（明）罗存礼

东郊曙色彩云连，河水溶溶绕县前。
近市蚁浮新酿酒，远林鸦散早炊烟。
心倾葵藿瞻曦驭，手植桑麻乐舜田。
千古民风传太史，喜从茂宰赋诗篇。

（清）胡焘

望春春意竟如何？路出红门向晓过。
初日未高山色重，边风乍暖鸟声和。

楼台经宿炊烟湿，杨柳含芳夜露多。

残月朝霞人迹少，鸭浮野渡水微波。

苗乡秋稔

（明）赵钘

墟落山之阳，风景类盘古。

泉□土壤肥，偏宜播百谷。

白雨足春耕，黄云卷秋熟。

家家涤场饮，含哺歌鼓腹。

（明）罗存礼

晓来十里稻花风，村北村南慰老农。

白首戴天同寿考，黄风飐地又丰年。

公门不遣催租吏，民俗应怀击壤翁。

何处最闻风味好？葡萄缸暖酸醅酸。

（清）胡焘

田家秋稔妙天工，景到苗乡更不同。

大地云黄连玉宇，平畴浪白动金风。

东看获影连天外，西听农歌夕阳中。

盛世雨旸均时若，茅檐处处乐年丰。

宝林钟韵

（明）赵钘

天外吼鲸音，知是云藏寺。

断续暮云表，随风坠墟市。

声闻一百八，朝夕度凡二。

听敲月下门，山脚有僧至。

（明）罗存礼

雨花台前贝叶翻，鲸音飞动海云间。

性天妙合真如境，心地玄通梦觉关。

客过风晨分供钵，禅参月夕应诗坛。

蒲牢蟲屃千年在，铸得勋名更好看。

（清）胡焘

其一

何处钟声断又连？宝林古寺久相传。

尘心顿豁暮天静，客梦初惊关月圆。

高入寒云流树杪，远随飞鸟度峰巅。

诗人胜迹今犹在，断碣曾镌孟浩然。

其二

一样梵钟听自分，宝林钟韵静尘氛。

音传虚谷千山应，响彻重楼十里闻。

月夜敲来破寂寞，霜晨撞罢流冻云。

而今古寺犹鲸吼，未见襄阳断碣文。

海陀飞雨

（明）赵羾

电掣紫金蛇，惊雷怒裂石。

天外挂乌龙，黑风吹海立。

八表布甘霖，平地水盈尺。

顷刻天霁威，遥岑露寸碧。

（明）罗存礼

忽看绝顶起云阴，化作人间沛泽深。

溪涧晓添双白链，田畴秋足万黄金。

草堂剩有催诗兴，版筑宁无济世心！

自是圣朝天意和，不须祈祷效桑林。

（清）胡焘

海陀晴景正徘徊，骤雨如飞忽送雷。
北度峰头山色变，西南树声水声催。
霎时云泼诗谁就，片刻风飘鸟不猜。
但看狂澜起满地，斜阳又照暮天开。

峪口樵归

（明）赵釪

丁丁伐木声，响振青山外。
落日负薪归，长歌起延濑。
登登不惮劳，欲向城中卖。
路暝行人稀，山妻倚门待。

（明）罗存礼

山前灌木已蓁蓁，斤斧宁辞剪伐频。
屐齿痕沾芳苔蚀，担头香染落花尘。
观棋未拟寻王质，佩印何须忆买臣。
莫向朝阳览飞雉，瑶琴一曲动悲辛。

（清）胡焘

人影斜阳野渡头，樵归峪口画图留。
风吹高歌穿林出，山夹寒泉带月流。
双脚踏残黄叶路，一肩担尽白云秋。
缙阳峰外山重叠，夜夜鸦啼古戍楼。

永宁人的信仰和城乡寺庙

昔日，永宁人的信仰很广泛。

永宁并不安宁。历史上过多的战乱和自然灾害，使永宁人感到十分不安。虽然无奈，但他们没有消极，而是用自己的方式寻求安慰和寄托。于是便把消除灾难的希望寄托在神灵身上，随之也就出现了大量的相关建筑。早期的建筑分三类，第一类是与宗教密切相关的佛教寺院和道教庙宇；第二类是先圣先贤；第三类虽然也是道教庙宇，但和人们生产生活密切相关，如，种田要五谷丰登，人们便把风调雨顺的希望寄托给了龙王；家丁要兴旺，人们便把生男育女的希望寄托给了子孙娘娘；日子要红火，人们便把发财的愿望寄托给了财神；野兽出没伤人，人们便请山神、土地、五道管束它们，这3种庙宇的对联都写道："山神土地五道堂，左拴猛虎右拴狼"；军城的军人要打胜仗，供奉军神，祭祀军旗，供奉马神，多出飞驰疆场的骏马……可见，永宁人的信仰有极强的实用性。这种实用性使得永宁地区的儒道释三教相互吸收而融合。正是由于这种融合，永宁城的寺庙建筑才出现了一座庙宇既供奉佛，又供奉神，很难分清是寺院，还是道观。只有这样，人们才可以根据自己的需要去求拜。而明清两代辖区内龙庆峡的神仙院不仅神佛都有，而且连孔子也供奉上了，成了三教合一的典型。

清末，西方的天主教、伊斯兰教、耶稣教传入永宁，永宁人的信仰更加广泛。如此多的宗教都集中于一座小城，这在延庆地区是绝无仅有的。永宁人对文化兼收并蓄，胸襟雍容大度。

信仰和寺庙建筑密切相关。永宁，最早见诸文字记述的庙宇有距今1500多年前的道武皇帝庙和1100多年的缙阳寺。明代，永宁地区的寺庙还不很多。地方志记载的城乡寺庙祠堂共48座，其中永宁城内27座。清朝中叶以后，地方逐渐平静，寺庙建筑逐渐增多。到民国时期，仅永宁城内就有寺观祠阁42处。

这些大大小小的寺庙，星罗棋布于几平方公里的小城，蔚为奇观。其中最著名的有三清宫、吕祖庙、上帝庙、关帝庙、显化寺等。

三清宫——塑像生动有趣

三清宫位于永宁城内东北隅善政街的路北，坐北朝南，总面积1200平方米。两进院落。进山门，跨入第一层院，迎面是高大的正殿3间，殿前两株500多年树龄的古柏撑开苍翠的树冠，似乎向人们诉说着这座道宫的古往今来；正殿两侧东西各有配殿各5间，院落宽敞明亮。

穿过正殿中央，一座小桥连接了第二层院落的牌坊，牌坊下连山门，中间门额上书有"蓬莱阆苑"4个遒劲的大字。走进牌坊，正面也有正殿3间，殿内供奉元始天尊、灵宝天尊、道德天尊3尊道教最高神祇的高大泥塑像。正殿两侧各有配殿3间。配殿的泥塑像虽然比正殿小，但铁拐李、汉钟离、张果老、吕洞宾、何仙姑、蓝采和、韩湘子、曹国舅等"八仙"泥塑像却比正殿生动有趣。八仙分别居于自己的洞府，各具不同的神情姿态，不仅每尊塑像都栩栩如生，显示出高超的泥塑技艺，而且因为多了一些生活气息而让人容易亲近和接受。

吕祖庙——三个与众不同

吕祖庙在三清宫西侧，与三清宫仅一墙之隔，也坐北朝南，也有两进院落，但占地面积比三清宫大，有1900平方米，楼台殿舍共20间。

吕祖庙的山门建筑风格与众不同。它的山门是仿城券拱门洞建造的，有3道，中间为主门，门洞较宽大，两侧较窄小。门上有中间高、两侧矮的对称城台，外侧砌有垛口。木质大门涂朱红色，铆大铜钉，气象肃穆庄重。

▲ 现存吕祖庙大殿

吕祖庙的主要塑像与众不同。叫吕祖庙，但主要供奉的却是佛教的观音菩萨，而不是吕祖。进入大门，正中建有过厅，内塑观音像。两进院落。穿越过厅进入一进院，正中有小石桥一座，桥两端有高出地面0.5米、宽1.5米的甬道。甬道南端连接过厅，北端直通3间高大华丽的正殿，殿内正中供奉千手千眼观音塑像，东西配殿供奉的是十八罗汉。只后院北侧两层5开间的小楼才是道教的领地，小楼内塑有"八仙"像，墙壁上绘有"八仙"成仙和济世的故事。

吕祖庙的第二进院中央建有一座四角亭，基座是高出地面的平台。平台每边有2丈长。四角亭左右有两个巨大赑屃，背上立有石碑。吕祖庙的庙会活动与众不同，每年夏季举行的庙会都要唱戏，但规模小，而且演出安排在四角亭下。因亭下空间不大，多演一些文戏，武戏只演《三岔口》之类的折子戏。

元宵节庙会期间，因活动内容别出心裁，更引人注目。元宵节又称灯节。腊月初八当天，由德高望重的庙会会头把全城的画匠召集到吕祖庙，组织他们为灯节设计并制作灯展。匠人们根据设计要求，将准备好的木架放置在院内；然后枝头朝下往木架上绑松枝，绑好后将木架翻过来，使松枝头朝上；接着，将溶解好的明矾水勾兑在凉水中往松枝上泼洒，待结冰后再泼洒一层，一层层泼洒，使之结成一座通体透明的冰山；冰山凝结牢固之后，又在冰四周雕塑各种小动物，以及《西游记》、《八仙过海》等人物或故事；最后，将冰山抬到亭子内。冰山完工后，用荞麦面捏成许多灯碗儿，灯碗儿内添素油，碗边放棉花捻儿，放置在冰山的上下左右。同时，制作各种形状和不同彩绘内容的彩灯，悬挂在亭子周围。经过一个多月的紧张准备，正月十四打开庙门，供人们参观。晚上，道士将所有的灯盏点燃，将冰山照耀得玲珑剔透，非常漂亮。

吕祖庙的冰雕艺术比龙庆峡的早数百年，也是京郊最早出现的。

吕祖庙现还保留一层院落内的大殿。

上帝庙——三绝

上帝庙坐落在永宁城内东北隅，是明代正统年间钦差内官谷春建的。有两进院落，共有房屋29间，占地面积2000平方米。庙内大殿有火德真君、手牵一只黑虎的武财神赵公明、牵犬提三尖两刃的杨戬、玄武大帝等泥塑像。

上帝庙有三绝。一是二进院正殿后建有精美的八卦亭，藻井上有8块木板，绘有八卦图，每块板上绘一卦。据说，每块木板都是可以翻动的，而且会按顺序自动日夜翻转。此为第一绝。但动力自何而来，至今仍然是个谜。

院中东西排列4个巨大的赑屃，背上驮有4通高大的石碑。一座庙内矗立这么多石碑，在永宁城内为第二绝。

院内东南角有一株很高很茂盛的杨树，树冠大如巨棚，树叶阔如团扇。遇有风雨，树冠轰轰作响，其声如金戈铁马奔突而来。人称此为永宁庙宇第三绝。

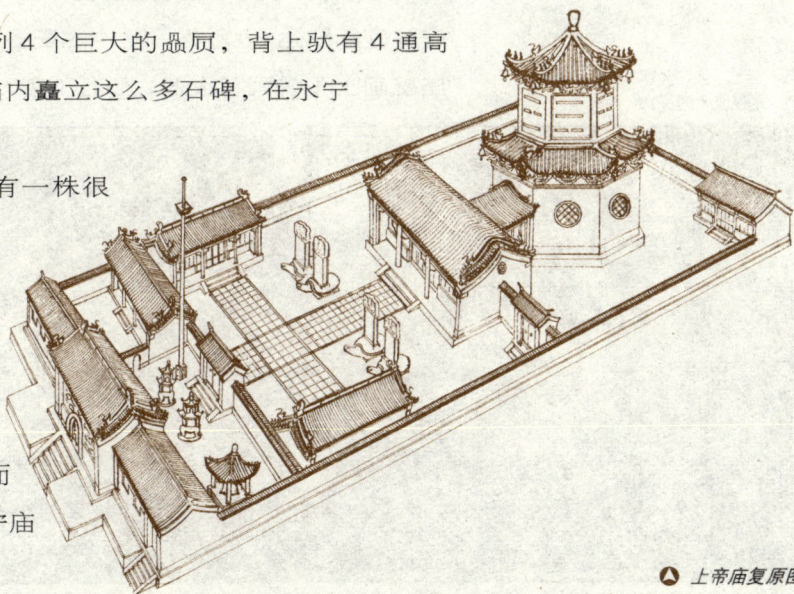

▲ 上帝庙复原图

上帝庙三绝，永宁人无不称奇，但20世纪90年代上帝庙被拆除，原址建了民居，三绝已成绝唱，惜哉！惜哉！

火神庙——留有旗纛庙壁画

火神庙在永宁城西南隅，与城隍庙、双钟寺毗邻。庙宇占地面积1200平方米，庙前有2000平方米场地，称作"火神庙场"。

火神庙很特别，特别就特别在壁画上：城门大开，号角齐鸣，旌旗招展，将帅带领军兵出征。城外，放有3尊大炮；天上，旗纛神率各路神仙助阵。城内后续部队源源不断涌出，而前军已经将敌军杀得丢盔弃甲。特别值得注意的是，画面上出现了火器飞腾的景象，真实表现了明代军队武器改良的情况。明代，军队的兵器虽然以刀、枪、剑、戟、斧、钺、钩、叉、棍、棒等传统冷兵器为主，但火器在军队中已经得到广泛应用。火器的研发非常活跃，制作日益精良，品种日渐丰富，仅火箭就有单发火箭、多发火箭、翼火箭、多级火箭等10多种。火器的配备在武器中占10%。明代，永宁驻守军队达8000人，其中应配备火器800件。旗纛庙壁画上不仅画了火器，而且下了很大力量作了渲染，

▼ 气势浩大的征讨

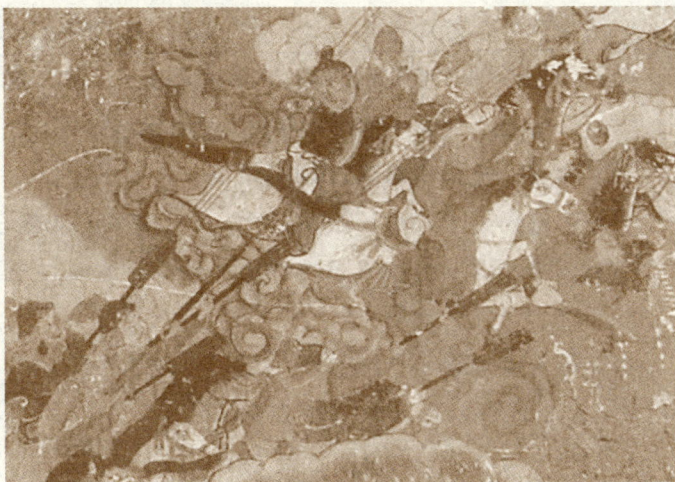

使火器显示了强大的威力，这在火器日益发达的明代是很自然的事情。但令人不解的是，火神爷管火，怎么违背常例带兵打起仗来了？

原来，火神庙是明永乐年间修筑的旗纛庙改建的。明宣德五年（1430年），都指挥韩镇在城内西北隅新建了一座旗纛庙，庙前开辟了新的校场，此处就改为火神庙了。墙上的壁画是旗纛庙原来留下的，大概是因为壁画艺术水平太高，人们不忍将画铲掉。不仅如此，连原旗纛庙的校场也留给了火神庙，变成了火神庙场。因火神庙与城隍庙相邻，城隍庙每年办庙会，火神庙场四周就搭满了席棚，成了庙会期间临时市场。

◀ 修复后的火神庙大殿

清末，火神庙毁于兵燹，后来虽重修，但塑像已经没有了。20世纪80年代，山门和东大殿也失火被焚。现火神庙已被列为县级文物保护单位，大殿已经修复。

显化寺——面积最大，规格最高

显化寺因位于广武街西头路北，即永宁城西北隅，又是永宁城内占地面积最大的寺庙，所以百姓都叫它"西大寺"。

显化寺占地面积22000平方米，布局为传统的对称式，前后四进院落，建有殿舍86间。

山门3间，中间为过道，两侧塑"四大天王"。一进院落正北大殿为经堂。二进院落正北大殿为无量殿，内供奉无量佛。大殿门窗上方均为青砖券拱，汉白玉镶花匝边。檐角、墀头青砖水磨雕花，做工十分精致。三进院落在石砌高台，四角石柱雕有云雾中若隐若现的飞龙，砖台上砌石条作外廓。高台上建有大雄宝殿，5开间，进深5间，呈规矩的正方形。雕梁画栋，绘画工细而生动。斗拱为五铺作，与栋梁结合在一起，飞檐挑起，使大殿显得异常挺拔而灵动。殿顶铺设琉璃瓦，九脊，脊梁和脊头有怪兽挺立。门前台上两侧摆放两个四脚大香炉；台下两个巨大的赑屃背上矗立两通大石碑，镌刻文字记述了寺庙修建过程。

大殿内正中供奉释迦牟尼，两侧供奉文殊菩萨和普贤菩萨，前有护法金刚，左右有十八罗汉。第四进院落正北是两层楼，一层供奉圆觉菩萨，二层供奉四方佛。

东跨院内，自明正统十一年（1446

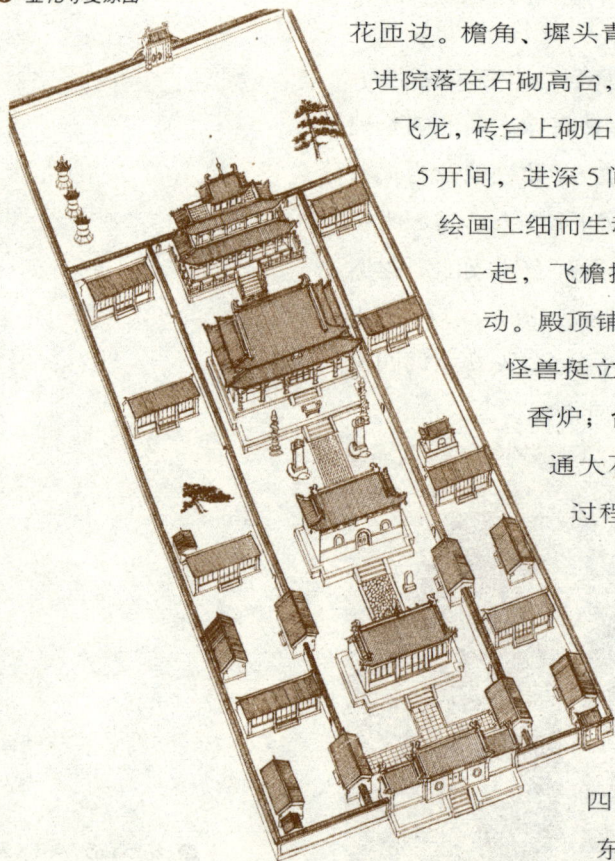
显化寺复原图

年）起，设立了宗教事务管理机构——僧会司。

20世纪三四十年代这座永宁城内规模最大、规格最高的寺院被毁，现在仅存两个础厉。似乎背负着寺庙千百年历史和永宁的荣辱变迁①。

天主教堂——非常事件震惊京城

天主教堂是延庆县现存唯一的西式建筑。

教堂位于永宁城内阜民街黄甲胡同西端北侧，始建于清代，具体时间无考。

1900年，义和团在延庆迅速发展。同年6月，永宁义和团在关帝庙起事，并请来延庆义和团，于6月22日一起攻打永宁天主教堂，并将其烧毁。之后，又四处追杀教民，1200多名教民遇害，引起京城震动。《延庆州乡土志》称之为"非常之变"，并记载了驻京八国联军的报复行为。清光绪"二十六年（1900年）十月，各国联军出居庸，赴郡捕团匪。旋军岔道。初七日，遣兵由州赴永宁驻扎。经宿，勒出保险费四千余金。十一月，联军分道至州城：一出居庸驻扎州城，一出德胜口……十四日至周四沟、东铺。该处乡民聚众设防，教民误指为匪，当被击毙四十余名。沿途焚毁民房甚多……十二月二十日，联军出居庸，直抵永宁……""议和后，由州捐赔教民财产十余万金"②。

1901年，清政府与美、英、法等8国签订了《辛丑条约》。清光绪二十八年（1902年），延庆用地方赔款于原地重建了永宁天主教堂，规模大于原教堂。

新建的教堂建筑面积338平方米。开南门和西南侧门。教堂为中世纪欧洲哥特式建筑，坐北朝南，南北呈长方形。面阔10米；进深23米。前部矗立8根砖柱，

---

① 《永宁人的信仰和城乡寺庙》部分基础材料源于吴俊文、张瑞祥《永宁的庙宇》一文，见《北京文史资料精选·延庆卷》。
② 清光绪《延庆州乡土志·兵事录》。

其中前方4根立柱夹3个三角形，中间的三角形内雕有十字架和外文。正门两侧各立方形立柱1根；门楣为拱形，两边镶白色半圆形球体，大门为绛紫色。整体设计美观大方，气势雄伟。进大门是大堂，堂内正北墙上悬挂耶稣圣像。像前有"祭台"，台上放置蜡烛、花瓶。四周墙壁挂耶稣生平活动图。大堂宽敞明亮，陈设整齐，庄严肃穆。

1985年，教堂经过修缮，天主教活动恢复。每年4月、5月、6月、8月、12月举行占礼活动，北京天主教南堂派神甫主持弥撒。教堂院内有配房7间，有清光绪二十八年（1902年）竖立的天主教友墓碑一通。

▲ 天主教堂

缙阳寺——永宁地区最早的寺院

永宁县、卫、参将府辖区很大，其中刘斌堡、周四沟、黑汉岭、四海、旧县和靖安堡，以及乡村都有寺庙建筑，数量很大，有的历史很久远。特别值得一提的是缙阳寺。

据明万历四十四年（1616年）所作《缙阳寺碑记》载："永宁北十里，有名曰缙阳寺者，其顶部释氏像，而其麓亦然。夫麓之像即所谓缙阳左寺焉。"[1]

缙阳山顶的缙阳寺，原名龙安寺，唐末光启二年（886年）建，距今已有1100多年了。

---

[1] 见《添修缙阳寺功德碑记》，碑存延庆县灵照寺。

缙阳山风光迷人，辽统和三年（985年），"圣宗皇帝初以銮舆南幸，驻跸于此"①，并登临远眺，见"寺残僧少"，遂下令重修。59年后，辽兴宗到寺院降香，赐名"缙阳寺"。而山下的缙阳左寺为辽圣宗统和三年（985年）建，距今也有1000多年了。

辽圣宗重修后的缙阳寺有佛殿、僧舍380余架，常住僧人110余名，寺庙产业管理者36人。寺庙有庄田1000余亩，粟1000硕，铜钱500缗。田地除少量自己耕种，大量用于出租；米粟和钱也多用于放债②。

缙山寺扩建之后，圣宗皇帝的儿子兴宗和孙子道宗都曾驾幸过，使缙山寺的名气大增。

虽然缙阳寺香火逐渐衰落，但寺院却一直保留到20世纪40年代，后来因战乱中匪徒占据，才被毁掉了。现在，虽然寺庙不存，当年风光依旧，缙阳晴岚依然迷人，登临缙阳山，山下的景色依然令人陶醉。

△ 缙阳左寺原貌

⊙ 历史遗存

金牛山

位于永宁城西15里处，南北走向，纵210米，横120米，状似一头卧牛，故名"卧牛山"，后称"金牛山"。传说，山内有深洞，洞内有金牛，金牛拉着金磨日夜旋转，磨金豆子变成金水。金水流入妫河，灌溉土地就长出金谷。因此，那山就叫"金牛山"了。传说不是历史，但妫河滋润了两岸的富饶却是真的，妫河两岸历史上盛产谷子，那谷子碾成米金灿灿发亮叫"金米"也是真的。

金牛山下原有很多泉水，泉水流入妫河，成为妫河主要源头。附近水草丰茂，庄稼茂盛，人烟稠密。春来桃花水四溢，风光十分秀美，是永宁西部最引人注目的

①见《缙阳寺碑记》，碑文存延庆县文物管理所。
②见《添修缙阳寺功德碑记》、《缙阳寺庄帐记》，碑存延庆县灵照寺。

风景区。

北魏时期的郦道元曾经亲临金牛山考察，他在《水经注》中对金牛山附近的地理、河流作了详细的记述，"沮阳城东八十里有卧牛山，下有九十九泉，即沧河之上源也"。沮阳城是今河北省怀来县大古城，沧河即妫河。九十九，非准确数字，和下面的百泉一样，是说泉

▲ 金牛山

流很多，数不清有多少道。同时，郦道元还记述了一个优美的传说，耆旧云："山下亦有百泉竞发。有一神牛骏力，自山而降，下饮泉竭。"[①]山脚东南，有一片暖泉，隆冬腊月，泉水喷涌外溢，热气氤氲上升，水中碧草鲜活，茎叶细嫩，非常喜人。故此山也称"暖泉山"。

山上原有距今1500余年前北魏时期修建的道武帝庙，是今天所知的永宁地区最早的庙。原庙宇已经坍塌，民国时期尚留有一座亭，现在只有遗迹了。

辽代驿道和行宫

辽代，在今延庆设儒州，在永宁北的今旧县村设了缙山县。金代沿袭辽的设置，永宁为缙山县的神峰乡。神峰乡设在今天的大、小观头一带。其附近无名山。神峰，当是缙山。元代沿袭了金代的建制，依旧称永宁为神峰乡，驿道和驿道附近的行宫，以及园林当在其辖

---

① 郦道元《水经注》。

区之内。

辽占领幽云十六州之后，将南部边界推进到河北省滹沱河一带。当时的儒州是辽的内地，无战事而稳定，从而给地区带来了繁荣。辽把幽州改为南京，把云州改为西京。当时的儒州和缙山县，是辽设在临潢府的上京联系南京、西京的咽喉要道。辽代的帝王后妃，连同随行的官员频频往来于三个京都，都要经过儒州。

为了便捷，辽圣宗和萧太后执政时期，开辟了从上京，经闪电河到章缙宫，穿黑峪口进入缙山县的靖安堡，过八达岭关沟到南京的驿道。其中靖安堡到八达岭之间的道路，是从神峰乡的车坊、旧县、盆窑、团山等村穿过，然后从上磨村继续南下的。从上京到西京中途也经缙山县，从团山西去。明清两代，这一带属于永宁县和永宁参将府、永宁卫管辖。

两条重要通道都从永宁地区经过，辽帝王后妃和随

▼ 溪流清澈的养鹅池

行官员们多在这里停留居住。统和七年（989年）四月二十九日，萧太后和圣宗皇帝驻跸在今永宁西北的龙泉，即团山附近的行宫。3年之后的统和十年（992年），圣宗皇帝又到东川打猎。打猎需要的时间长，自然也要住下。萧太后和圣宗皇帝在永宁地区的活动，曾在永宁和今延庆地区产生了重大影响，至今仍有许多地名与萧太后有关。如莲花池，传为萧太后种植莲花的地方；马匹营，传为萧太后养马的地方；养鹅池，传为萧太后养鹅的地方……其中，养鹅池的规模最大，据史书载："周围二里许，悉用石扣甃。外辟四门，中建殿宇，其中作九曲，沿流俱有石坐台。前有石华表，制极工巧，今皆不存。其水四时不竭。相传，辽萧后所凿，呼'养鹅池'。"①

金代园林

金代沿用了辽代开辟的驿道，缙山县就成了金代帝王经常驻跸的地方。明昌五年（1194年）五月，因为桓、抚两个州大旱，金章宗曾派使臣到缙山县龙泉祈雨。金代，对缙山县非常重视，后来曾升为镇州，设立过行省。

古城村原名叫"花园屯"。金章宗的年号是明昌，他在那里修建了一座皇家园林，人们就叫它"明昌苑"。"明昌废苑护层城，古木苍烟画未成"②，这是明代人看到的明昌苑的情形，那是一层层的城墙拱卫着的一座很大的园林。从诗句看，这座皇家园林已经荒废很久。那"古木苍烟"的感觉，难免有些凄凉，但景色依旧像没有作完的画一样充满诗意。当年辉煌壮丽的景象，只在诗人的想象之中了。

---

①明嘉靖《隆庆志》卷之一。
②明嘉靖《隆庆志》卷之十，赵羾《古城烟树》。

流杯园池

元代，穿越永宁西北部的驿道的作用就更大了。因此，元代修建的皇家园林就更多，规模也更大。除流杯园池外，还有车坊园、香水园。香水园在永宁西20里的上、下花园一带，至元二十二年（1285年）三月，元朝第四代皇帝元仁宗爱育黎拔力八达诞生在这座园林内。

流杯园池在永宁城西的上磨一带，建于元初。皇庆元年（1312年），元仁宗又在园内建了凉殿；至治元年（1321年）五月，英宗皇帝又用了1年时间，动用军队营造了流杯池行殿。12年后的至顺二年（1331年），宁宗皇帝将流杯园池，连同附近的土地、水磨赐给了大臣燕帖木儿。至今，上磨村依然留有元代水磨的遗迹。

李莲英大厨房

永宁城内西南角的和平街，有一座大宅院，老百姓们称之为"李莲英大厨房"。

李莲英生于清道光二十八年十月十七日（1848年11月12日），死于宣统三年（1911年），9岁进宫，19岁被封为二总管，21岁晋升为大总管，61岁离宫，在皇宫共52年。

一个钦赐二品顶戴花翎的大内总管怎么和永宁有了瓜葛呢？

原来，李莲英最得意的时候，曾在永宁城附近置买了30顷良田，城北黑庙附近有一小部分，大部分集中在城南，人们称其为"大南园"。为了管理这些地产，李莲英在永宁城内设立了一个由管家负责的办事机构。老百姓们所说的李莲英大厨房，其实是李莲英的管家巡视住的院落。平时，只有五六个人看管。

院落坐东向西，占地3亩左右。大门宽大，可进马车。和大门一排连襟是5间房。进大门，一条长过道，马车可以直通正东后院。后院有马厩、车棚、仓库等房间。

前院，即进大门北侧，是个四合院。东房5间，为正厅，是3间退廊子式建筑，规格很高，彩绘、雕饰都很好。

李莲英真正的大厨房是建在大南园的5间房。自农历二月初二播种前开始，到九月初九场了地光结束，雇佣的二三十名长工都在那里集中吃饭。至今，人们仍然称那里为大南园。

李莲英死后，所有的房地产都廉价出售给永宁人了。

永宁县学

永宁置县建城后6年，即正统元年（1436年），知县张宣在永宁城中东北隅修建了永宁县儒学。永宁县城刚刚建成，军事和行政机关刚刚搬迁，地方时有战乱，对外防御任务繁重；县内百废待兴，除了各个衙门需要修建外，军队需要安置，驻防需要部署，百姓需要安抚稳定等等，军队和地方行政长官政务繁忙可想而知，但知县张宣却在就职后不久即修建了县学，可见，当时的地方官员是非常重视教育的。

新建的县学仿隆庆州学形制，有两层院落，前院靠后为3间大成殿，大成殿前建有东西各6间的两庑，大成殿之前有3间戟门，戟

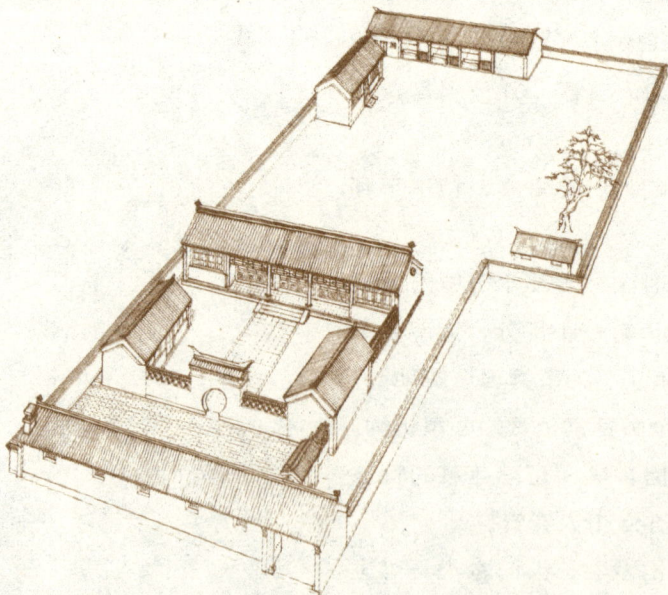
李莲英大厨房办事处复原图

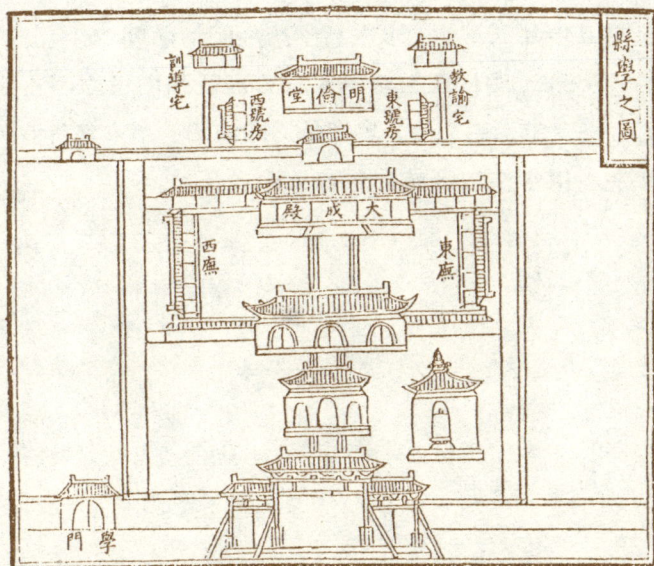

门前为棂星门。后院单砌小院，有小门与前院相通，正北为3间明伦堂，明伦堂左右各有东西号舍3间；小院之外，东侧建有3间教谕宅，西侧建有3间训导宅。县学房屋共有30余间，设施齐全，另在县学东学的空隙地辟有射圃，圃内有观德亭3间。

县学建成后，很快招收了20名生员，每日给廪食，有教谕1人、训导1人负责管理和授课，开始了永宁地区见诸文字记述的最早教育，并很快取得较好的成果，对永宁地区产生了重大影响。

永宁县辖于隆庆州，其县学的管理、使用的教材、教学方法、学生待遇和出路、对师生的要求，以及祭孔、习射等活动和州学是一样的。

永宁县学自张宣建成后，外来巡视的官员曾于成化三年（1467年）、嘉靖四年（1525年）对其进行过修葺。60年之后的万历十三年（1585年），县学颓败，时任知县的王玉汝将旧县学拆除重建，17年后，知县李体严又增修。"清顺治十六年（1659年），裁永宁县入永宁卫，县学改为卫学。康熙三十二年（1693年），裁永宁卫学并入州学。永宁县学历经明清两朝257年。"①

　　另外，明代还在永宁军政管理范围内设立了永宁卫、终食屯、周四沟、黑汉岭、四海冶、靖安堡等6所社学，使永宁地区城乡教育全面展开。

---

① 《延庆县普通教育志》，北京出版社2000年第1版，第26页。

古城人物

　　永宁，地灵人杰。古往今来，既有骁勇善战、驰骋疆场、不怕牺牲的将士，又有满腹经纶、风流倜傥的才子；既有清正廉明的官员，又有贤达而令人敬重的乡绅；既有目光长远的商家，又有工艺精良的手艺人，即便是名不见经传的小人物也各有千秋而令人怀念。

永宁，地灵人杰。古往今来，既有骁勇善战、驰骋疆场、不怕牺牲的将士，又有满腹经纶、风流倜傥的才子；既有清正廉明的官员，又有贤达而令人敬重的乡绅；既有目光长远的商家，又有工艺精良的手艺人，即便是名不见经传的小人物也各有千秋而令人怀念。

永宁人，开创了昔日永宁根基，留下了今日永宁根深叶茂的文化。

文化名流

文化名城，尚文，文化名士自然多。

永宁才子是个群体。这些才子，有的出仕济世救民，有的著书立说，有的成了热心办学的教育家和名师……这些文化名士虽形迹不同，但都为人耿介，行为高洁而令人仰慕。

著书立说的吴毓福

永宁才子多著书立说，如卢绶著有《卢氏文献》、李德淦著有《蜀道纪游》、胡先达著有《缙山草堂试帖》、袁华林著有《几何详解辑要》……其中最有成就的是吴毓福。

吴毓福生于清光绪年间，自小聪明而学习刻苦，十几岁就考中秀才成为食廪的生员。虽然家境贫寒，但力学不辍。年龄稍大就承担全家生活负担，但仍不间断地读书。他白天干活，晚上看书。没钱买蜡烛，秋天对着月亮看书；冬天，独自住一个屋，吹炭火照亮看书；服劳役时，怀里还揣着《左传》，一边干活，一边默默背诵，有忘掉的地方，就偷偷掏出书本看看，再背诵；有

⊙北京地方志·古镇图志丛书

永宁

时肩头扛着东西赶路，怀里也揣一本书，看看周围没人，就坐下来连休息带看书。他自己说："生平志向不专为求名利计，以达物理人情为务。故肆力于群书，留心于世故。"①

吴毓福虽然学富五车，但愤世嫉俗，始终郁郁不得志。后来，因愤激而得了耳疾，长时间没钱治疗，到中年耳朵就聋了，仅靠给人家抄写东西维持生计。虽然衣食都困难，但一直致力于学问。

中年后的20余年，他埋头著书立说，有评点"四书"、评点《周易》、《婚礼臆说》、《春蚕编校勘》等20余种著作面世，平均每年编著一部新书。可惜由于家境贫困，大多数著作没有刊印，所有的文稿也都遗失了。但一个命运多舛的穷困书生，如此致力于学问，足令后人钦佩。

开创民间办学先河的胡先达

永宁地区的教育是有延续性的。清初，设置在永宁城内的县学、社学，以及后来的卫学被废除之后，永宁城镇教育受挫。后来，永宁出了一位读书人叫胡先达，曾于道光壬午年（1822年）考中进士，出任江苏、贵州地方官，后引疾告退，回到永宁城居住。胡先达看到城内无教育场所，就购买了阜民街左卫巷的原巡镇废官署，创办了义学。道光十四年（1834年），为了扩大办学规模，他又四处奔走，劝导乡民捐赠，共募捐白银4557两，将义学改为书院，取永宁坐镇之山——缙阳山为名，命名为"缙山书院"。

缙山书院坐北朝南，占地面积4000平方米。大门为典型的清代建筑风格，高脊长檐，壮观华美。门额镌

---

① 清光绪《延庆州乡土志》。

刻"缙山书院"4个烫金大字。门垛前方砖上撰写小篆楹联，右边是"既聚坟典"，左边是"亦集群英"[①]。内有讲堂3间，宿舍3间，其他用房2间。

书院由董事会管理，设山长进行日常管理，选聘先生传授学业。招收年龄在15岁至20岁的男子三四十人，以《三字经》、《千字文》、《性理字训》等启蒙读物和"四书五经"作为教材。每三年山长带领学习优秀者参加宣化府考试，被录取者即可成为府学生员。

缙山书院有严格的教学和经费管理制度。现仍然保存完好的《缙山书院章程》碑，对后者作了详尽规定，为不使个人擅自动用和贪污办学经费，特别将经费管理制度镌刻于碑石上，以示严肃。全文被清乾隆《延庆州志》作为文献收录。

胡先达开创了永宁民办学校的先河，他的义举受到永宁人的赞誉。缙山书院办了17年，为永宁培养了大批人才。到光绪三十三年（1907年）新学兴起，书院改为单级小学堂，成为今天永宁小学的前身。

缙山书院章程

一、书院原捐续置泡儿湾、刘斌堡等处粮地共八顷二十亩，每年额征永钱七百六十七千；原典马厂旗地二十一顷六十六亩，每年额征永钱九百二十千；本城附近书院地基六亩九分七厘有余，每年额征永钱十八千；官斗十六张，每年额征永钱八百千，统计每年租入应得永钱二千五百零五吊。惟置地亩内均有典当之产。如遇原业户备价回赎，务查明原契所载钱数，令其照契交足，不得任所业户缺少典价，所得典价立即另置业产，招佃改租，总期租数有增无减，以裕经费。

---

① 《延庆县普通教育志》，北京出版社2000年第1版，第34页。

一、书院山长修脯原议每年纹银二百两，按时价合钱开支，此因租入缺额，致将山长修金议减。今仍循旧事以二百两为定额，无缺无滥。生章膏火奖赏，本为寒士所设，自应按季查照甄别等第名次核计支发，每年约需永钱六百千。日后肄业人数较多，其膏火奖赏办法亦应照章一律核发，不得以支款向有定额，遂将生童议领之数议减。至完纳公田钱粮，历年约交永钱一百一十串，嗣后粮价倍米豆加耗亦无定数。现蒙文州主（永宁知州文镛，光绪元年二月任）体恤书院经费维艰，按例定章，并不多取，每年秋成纳赋一石加耗三升，所交米豆俱随市价核算，按串呈交，永遵恩示。其附书院之文昌宫朱衣殿每年春秋祭品，约用永钱十二千，斋夫工食每岁永钱五十四千。统计各宗正项所需终岁约在永钱一千八百串上下。此外，屋舍墙垣岁修，山长川资聘金及添置日用零星家具什物，每年虽无定额，各有向章比照，务宜实用实销，不得浮滥。

一、书院用度全赖佃租，以资支销。如佃租不能按年扫数，则经费必有致亏。董其事者每届秋成须以催租为急务。书院既票官设立催役，免其差徭，原为催租起因，倘催役不能得力，董事自应随时票明更换，不可迁就；如催役实下乡频催，而刁佃任意抗违，董事即行开单公票州主出差严催，并请择尤代案比追，以儆其余。

一、佃户租种公产，原期力田，逢年倘年谷不登，租钱何能照常收取，然必董事下乡亲身查灾歉情形，分别轻重，秉公酌议或减半交纳，或分年带交，票明州主立案，谕知众佃照案办理。其偶尔收成歉薄，向不议减，佃户不得藉词拖欠。

一、每年收租必有票据方可，以备查考。自今年为始，由书院刊印两联租票，左为存查，右为执照，中

古城人物

有骑缝，添写字号，盖有书院戳记，每年刷订四本，每本五十页。凡遇佃户交租，即将所交何年何处田租数目及交纳月日，于存查执照票内一一填写清楚，扯与佃户收执存查。作为票根收存书院，每届票根考核，分别已收未收，庶免遗漏。其票板、票本与夫刷票盖戳，由董事轮流经管，不得假手他人，致启弊害。

一、书院存钱收租必共同选举殷实铺户承办，每年经费除支销外，如稍赢余，即寄存该铺，不取利息，以酬年终收租登账之劳。如赢余积至三五百千，立即另置田产，不可图利出借，亦不可存之铺中。每届秋成佃户入城交租，即责成该铺照收，随收随即扯给执照，登载簿据；倘有钱数无多，或以杂粮折算，或将别项兑拨，该铺不得擅专，必齐集董事公同商议，公私两无亏折，方可允行；再佃户租既择有铺户承管，凡交到租项董事家中，不便私收，致滋他人口实。

一、书院出入款项，每届岁首，众董事务先约期齐赴承办铺店，将上年账目共同结算清。凡属董事及在院肆业诸生必须齐集，不得一人托故不到。算账目董事人等不能枵腹，应备饭一日，即于书院公项内开支。所有各项账目，除流水总簿外，其佃租收欠数目及修脯、膏火、岁修零用各款，向均设有簿据，务各一一登明，再将总分簿据核对相符，另选旧管、新款、开除、实在四项清册呈报州主存案。历年照办，不得始勤终怠。

一、书院房屋必岁岁修补，方能经久，以后每届秋末春初众董务约期齐赴书院，共同查看，和衷商议，分别兴修培补，核实估计钱数克日兴工；动工之日酌议董事二人轮流，一俟事竣，即将用工若干，用料若干，逐款开清，公同查阅，所有工项一木一石，不得擅动挪借，致归无着。

一、书院原为作育人才增植寒俊而设，所储经费专备书院之用，此外无论地方何项公事不得挪移，有劣矜蠹事垂涎公款借词挪用，董事、诸生务须公同拦阻，不得畏累避嫌。

一、山长为一邑教化所关，必得品学兼优，不愧经师人师者方可延请，当初禀定章程，由董事采访京都名儒，公同聘请，不得听人滥荐，原恐日后延师者了算塞责，或视此事为酬应人情之举，以致教学有名无实，每遇山长年终解馆，必先期说明预定来年掌教，倘有不终局而去者，随时接请主讲，不可使书院一日无师，致误诸生肄业。

一、书院公款出入，由承办铺户书手折，董事中轮流一人经管，每遇出入钱数至十串以上，先由经手人开明手条，传知众董事各书押字，方许收支登折，不得一人私自主张，致滋物议。

一、书院之设原以永宁迤东村落距城或数十里或百余里寒士，远道负笈，资斧维艰，前绅董等念切桑梓寒俊读书之寒，因于道光十三年公吁州主就近捐书院，所有缙山书院捐项，除前州主黄、童各捐外，其余概系永宁本城士民捐纳，并无他处捐户，道光二十一年经前绅董赴省将创建一切始末及责成董事经理禀请立案。

原载清光绪《延庆州志》

创立高等小学堂的池光宾

池光宾是永宁世家子，自小受过良好的教育，文化修养很高，办事认真公道，在乡里享有很高的威信。

清光绪二十八年（1902年）冬，延庆知州周文藻慕名请池光宾出山，创办学校。池光宾力辞不过，就请旧县的名士袁华林协助。池光宾、袁华林二人靠个人名望，筹集了足够的经费；之后，进行了紧张的筹备："改修讲堂二，计内院讲堂可容六十人，外院讲堂可容三十人。斋舍十二间。教董住室、客厅、饭厅共十五间。常年进款纹银八百二十二两，制钱二千一百五十吊有奇。图十八幅，书二百六十六种，器具一千四百七十四件。"①确定了袁华林为堂长，留日回国的学生高仲三为学务督办，同时进行了教师选聘、教材编写、章程制订、招收学生等一系列准备工作。

第二年，即1903年秋季，延庆州第一所新学——延庆高等小学堂正式开学。新学开设了国文、算术、历史、地理、自然等全新的科目，从而使延庆教育进入了一个崭新的阶段。在延庆高等小学堂的影响下，延庆、永宁两个城镇和乡村很快建起36所初等小学堂，新学由此全面铺开。这些学校都成了后来各地小学校的基础，延庆高等小学堂成了今天延庆县第一小学的前身。

次年，又在延庆高等小学堂内办了学制1年、由高仲三任所长的师范讲习所。每年毕业30人，解决了初级小学的师资问题，培养了大批优秀教师。

池光宾管理学务"前后七年，州牧六易，而学款不绌，学务益推广。识者咸钦佩焉"②。

开办女子学校的许汝林

许汝林，出身于书香门第。因参加了义和团活动，1900年10月，八国联军进兵永宁时，将他和另外3个人抓捕带往北京。路上，他趁黑夜看守的联军睡觉的机会，没穿鞋子蹑手蹑脚逃出。因为不认识道路，绕来绕去，走到天快亮，还没走出村庄。后被好心人发现领出村外，带他逃到居庸关内。许汝林怕联军继续抓捕，不敢回家，在居庸关附近靠打工生活了8年，义和团事件平息后回到永宁。因在外面闯荡时间较长，了解新信息

①②清光绪《延庆州乡土志》。

多，对教育又热心，回来后看到女孩子享受不到和男孩子一样的教育，就想和永宁高级小学合作，共同创办女子学校。

1917年，他找到永宁高级小学校长袁汉臣。袁汉臣说："如今虽说是民国了，但让女孩子进学校，将招致非议，怕我这个校长也做不成了。"没有学校支持，教师解决不了，学校自然没法办。许汝林只好作罢，但他并不死心。1919年，校长换成了胡彩南。许汝林又赶到学校找胡彩南商议。胡彩南说："你的想法我支持，可我担心招不来学生。只要你把学生招上来，我们就开班上课。教室，我们共同想办法解决。"许汝林听了非常高兴，说："那我可就招学生去了。没人来，先拿我家做实验。"

到了家，他就动员孙女许广兰和重孙女许双七上学，两个孩子都非常愿意。许汝林有了信心，接着，又动员邻居张青山的女儿和岳丈家王六先生的两个女儿报了名。看到前面有5个带头的，张秀芝、郭立昂的妻子等也就跟着报了名。许汝林心里有了底，他跑前跑后，共招收了近20名女学生。

听说许汝林要办女子学校，永宁城内议论纷纷，多数人要看他笑话。有人劝他不要冒风险，许汝林说："现在人们思想不开化，说什么的都有，等学校办好了，人们就认可了。"他向校长胡彩南汇报了招生情况。胡彩南听了很高兴，就和许汝林找人推倒了小学东跨院千佛寺大殿的塑像，将其改造成教室，作为永宁高级小学的分校，于1920年正式开学上课。后来人们将总校称作"男校"，将女子分校称作"女校"。

女校的教师由男校教师兼任。他们均为宣化第五师范学校的毕业生，有吴晋学、李新农、阎布高，以及保定来的牛先生、涿鹿来的杨先生等，女教师有胡智慧、刘晋轩、王玉枝等3人。女校开始为1至6年级大复式班，后来改为两个年级的小复式班，和男校一样，开设国文、算术、历史、地理、体育、音乐、美术等课程。许汝林任学校负责人，并兼任国文和历史教师。

女校先放学。学生都是齐肩短发，大襟、宽袖口白色上衣，蓝裙子。一队女学生走出校门，立即成了永宁人瞩目的亮点。

女校越办越好，后来招生也不困难了。到了1938年，女校与男校合并成一个学校了。

许汝林在女校工作10年。他创办的女子学校在京北地区产生了重大影响。

名师马大中

马大中家住永宁城左卫胡同，生于1890年左右，先后毕业于保定师范学校和北京大学历史系。

1920年，任延庆县教育局局长。1929年，在吕祖庙创办延庆师范讲习所，并任所长。1930年在延庆州学创办延庆县乡村师范学校，任校长。执教20多年，培养出大批教师，为延庆教育事业做出了重大贡献。

土地改革时，马大中因家庭被划为地主而受牵连，后积郁成疾而双目失明，沦为乞丐，流落街头。他的一位同学了解了他的情况后，将他接到自己家，供养他吃穿，并把他的眼睛治好了，后又资助他在北京大栅栏石头胡同租房居住。

马大中任延庆县乡村师范学校校长时，曾兼任历史教员。因教学需要，编写了《中国大历史》一书，作为历史课程讲义，后被推荐为大学历史教材。北京大学著名教授、史学家李泰芬对《中国大历史》非常赏识，为之题写书名并作序。

新中国成立后，被聘为北京市政协文史资料研究

⊙北京地方志·古镇图志丛书

永宁

正气凛然的李卓云

李卓云出生于永宁中所屯，个子不高，消瘦，但很精神。他自幼苦读诗书，及长应聘到延庆师范任教习。李卓云思想进步，对清政府的腐败无能深恶痛绝。为了寻求救国办法，1906 年，他辞去教习职务，东渡日本留学。在日语补习班学习期间认识了思想激进的汪精卫，而且与之交往密切。

回国后，李卓云任延庆县警察署署长。

1937 年，日军占领了延庆，已经闲赋在家的李卓云忧心忡忡，后看到报纸刊载的汪精卫卖国降日的报道非常气愤，大骂汪精卫是卖国贼，并把留日期间与汪精卫的合影照片、来往书信、唱和诗词等全部扯碎并付之一炬。

汪精卫为了网罗人才，给李卓云写了一封信，并派伪南京政府立法院院长陈公博，千里迢迢赶赴永宁中所屯。李卓云没在家。陈公博打听到李卓云的去向，又辗转赶到北京西什库李卓云的寓所，传达了汪精卫的意思，并递上汪精卫的亲笔信，恳请李卓云出来辅佐。李卓云展开汪精卫的信，见上面写道："请阁下出山，曲线救国"等字样，气得双手发抖。陈公博以为这是李卓云过分欣喜的表现，就不失时机地说："中央教育部部长尚未公布，汪主席的意思是非君莫属。"李卓云把信件放到一边，说："我老了，双眼昏花，难以赴任。"陈公博听了脸色大变，说："李先生不赴任，鄙人难以向汪主席交待！再说，先生是个富翁，虽说可以坐享清福，但若共党得势，你的财产和土地即是罪恶。

---

① 《名师马大中》基础材料源于时广生的讲述和李晶华的《民国时期创办新学的文化名人》一文。文载《延庆文史资料·教育专辑》。

共产不说，怕你身家性命也保不住。"李卓云说："我不懂共产，也反对共产，但我更恨侵略，恨汉奸！你说共产党可怕，可人家不是主张抗日吗？即使将来我被共了命，也比当汉奸强！"李卓云见陈公博还要说什么，就抢先说："我身体不好，有点儿累了，请君自便。"说完，拿起木槌，敲起木鱼，念起《心经》来。

陈公博走后，李卓云怕遭报复，深居简出，大部分时间在家读书，很少公开露面，直至终了①。

市井人物

那一群小人物，虽然名不见经传，但形形色色且各有千秋。有说书的，有唱戏的，有卖狗皮膏药的……还有老老实实打了一辈子更的，他们活跃在市井，给人们带来欢乐和方便，成了昔日市民生活不可缺少的部分。

家住南街的沈老六，穷困潦倒，但说得一口好快板。每到下午四五点钟以后，他就上街，来到大买卖家门口说快板。他不说那些捧人的吉利话，而是表演成本大套的快板书，拿手的段子有《呼延庆打擂》、《杨家将》等。掌柜的一般都要给赏钱，足够他第二天一天的吃喝。看来，他像一个要饭的乞丐，但他一出门，身后就跟了许多人，尤其是孩子们，到了买卖家就围着他，听他说快板书。不但让市民晚上有了乐子，而且也壮了买卖家的门面，等于给买卖做了广告。

有一个卖狗皮膏药的，姓赵。人极聪明，却给自己起了个逗乐的名字，叫"傻赵子"。春节，街门框上贴一副春联，上联写：二四六八十延庆（那是延庆城的

---

① 《正气凛然的李卓云》基础材料源于史直《李卓云二三事》，文载《北京文史资料精选·延庆卷》。

⊙北京地方志·古镇图志丛书　永宁

集日）；下联写：一三五七九永宁（那是永宁城的集日）；横批写：长住吕庄（那是他的老家）。谁走到他家门口，看着就乐。每到永宁集日，"傻赵子"就骑着毛驴到永宁北街路西打场子招人。"傻赵子"招人有绝招。一是他练过武功，能在板凳上用手砍砖头、石块。二是会说笑话，而且那笑话随口就来，比一个单口相声演员还来神儿。每个笑话的包袱一抖开，满场子人没有不乐的。

有一天，他看见周围又站满了人，就说："买膏药啦！我的膏药好啊！那位问啦，你的膏药咋好啊？告诉您，别人的膏药治病，我的膏药不光治病，而且找病治。这叫'傻赵子膏药——找病'。不信，我告诉您。头天晚上，吴老汉买我的膏药贴在后腰眼上；睡醒一觉一摸，那膏药上了肚脐眼儿；第二天早上一摸，那膏药又跑到腿肚子上去了。吴老汉害了怕，专从永宁跑到我家问我。我说，老吴呀，你准是前半夜腰疼，睡醒觉肚疼，傍天亮腿肚子转了筋。吴老汉说，对呀！我说，我不是说过，'傻赵子的膏药——找病'吗？我这膏药不光哪儿有病它找到哪儿，它还会谁有病找谁。老吴，你得让全家人注意，说不定今晚那膏药会跑到你老伴儿身上，明晚跑到你儿子身上。"听完了傻赵子的话，在场的人都哈哈大笑起来。于是，傻赵子膏药——找病，就成了永宁地区广为流传的歇后语，这话至今还有人说。

第三招是他说他的毛驴听话。不信，他就骑上毛驴，一喊"开步走"，那毛驴就开步；一喊"立定"，那毛驴就站住。"傻赵子"骑毛驴也招人乐。

最著名的当数永宁北关的女艺人马金花。马金花原名马素珍，1920年出生。她自小就跟随父亲学艺，8岁登台演出。长年在农村说书。12岁时拜名师王德山深造。出师后，取艺名叫马金花。她会演唱西河、乐亭、京韵、奉调等4种大鼓，还会弹三弦为别人伴奏，被永宁曲艺界誉为"全把武艺"。曾先后在永宁、延庆、北京、天津、张家口等地卖艺。演唱过的长篇大书有《白袍征东》、《白袍征南》、《反唐》、《刘公案》等19部，短段子有《草船借箭》、《闹江州》、《包公夸桑》等90多个。

另外，唱戏的还有阜民街的郑六子和盛世营村的王子西，两个人组织了一班蹦蹦戏，五六个人，小戏演得生动活泼；上磨村訾老先生组织了一个河北梆子剧团，有二三十个演职员。艺人们即使啃大咸菜就窝头，也要给乡亲们演戏。有这么多艺人，永宁人的文化生活能不丰富吗！

军城，留下的最后记忆是月夜的梆子和锣声，那声音是一辈子老老实实打更的老李头留下的。

老李头清末就打更，永宁城军政机关都撤销了，已经没人给他发放任何补贴了，但他依然忠于职守，舍不得放下伴随他多年的梆子和铜锣。白天，他打火勺、卖火勺；夜里，没人催促，到了定更天———更天，他脖子上自然就挂上了梆子，手里自然就拿上了铜锣，他就自然走上街头。敲一下梆子，响一声锣，那是老李头带来的一更天；敲两下梆子、响两声锣，那是老李头带来的二更天……老李头的梆子和铜锣一直敲到五更天。二更天，是老李头巡夜的重要时刻，看到谁家的街门没关，他就站在门口喊："当家的，防贼盗，闩门喽！"看到主人出屋闩门，他才离去。

老李头的梆子和铜锣是昔日永宁城夜生活最有生气的章节，也是最有韵味的音乐，一夜夜，一夜夜响彻小城的街巷，伴随人们的睡梦和夜的脚步演奏到天明，使小城的夜显得很安稳，也很充实。那声音一直响到他故去的头一天。

老李头走了，永宁人欷歔不已，忽然觉得小城的夜过于寂静和空旷了。

小城望族

　　提起永宁人物，人们挂在嘴边的话是"南胡北聂东赵西池"——四大家族。四个家族都曾对永宁地区经济、文化发展产生过重要影响。

　　北街聂家和西街池家为世代书香门第，而东街的赵家则是典型的农耕世家。

　　最值得一提的是南街的胡家。胡家祖上胡维为河北滦县人，明代，以战功授任驻守永宁隆庆左卫都司。胡维虽系武官，但非常喜欢读书，著有《火器图》。退职后即在永宁城内安家，课子读书。由是，家庭读书风气渐浓，后世逐渐成了文人世家，因此出了不少进士、举人。清代，家门外悬挂两块匾额，上书"十代文魁"、"九世贡元"。胡家第14代孙胡镛，为道光年间探花，出仕后因为官清廉，"扬历著声，剧繁就理"，累次提升为"花翎二品衔、加二级，分发湖北遇缺即补道"①。卸任后在回归永宁途中被杀害，清道光皇帝赐胡镛一颗金头，成其葬礼。

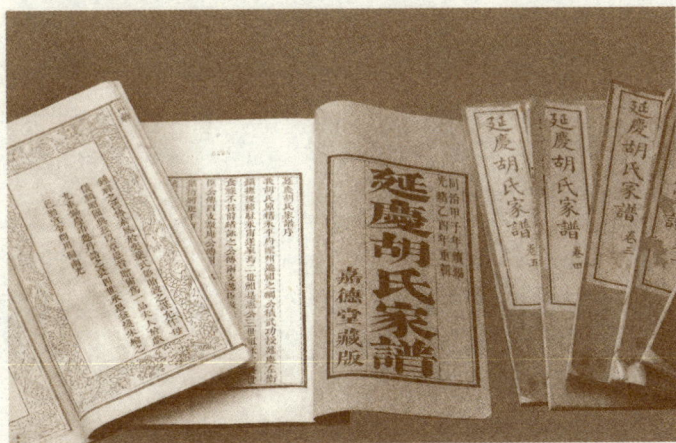

《延庆胡氏家谱》

① 《延庆胡氏家谱·敕诰》。

⊙北京地方志·古镇图志丛书

永宁

商贾集市

　　永宁的贸易史可以追溯到以物易物的时期，至春秋战国时期，贸易活动已经比较发达了，汉代以后就更加繁荣。历史上的永宁作为农耕民族和游牧民族杂居地区，很大一部分贸易活动是农产品和畜产品的交换。

永宁的贸易史可以追溯到以物易物的时期，至春秋战国时期，贸易活动已经比较发达了，汉代以后就更加繁荣。历史上的永宁作为农耕民族和游牧民族杂居地区，很大一部分贸易活动是农产品和畜产品的交换。

汉代，刘虞任幽州牧，即管理幽州的地方行政长官。幽州，即今日的北京，辖区包括永宁和延庆地区的上谷郡。延庆历来就是幽州通往东北、西北和蒙古的通道，又是多民族杂居的地区，因此，也就成了中原地区和北方少数民族贸易往来交易地。刘虞看到这种情况，就在上谷开辟了"胡市"。所谓胡市，实际上就是公开了汉族与北方少数民族的交易，并且使之合法化。胡市开放之后，匈奴人、鲜卑人可以用畜产品和汉人交换粮食、茶叶、纺织品、铁器等。从而，在促进南北贸易交流和经济发展的同时，也促进了民族之间的交往融合，这无疑是一项非常有意义的举措。

这种贸易往来，在延庆历史上从来就没有间断过。清代龚自珍在19世纪初期，经过延庆八达岭长城南的关沟时遇到了蒙古商人，他写道："蒙古自北来，鞭骆驼，与余摩肩行，骆驼时时冲余骑颠，余也挝蒙古帽坠于地，蒙古大笑。"[①]从上面记述的汉蒙两族人相互开玩笑的生动场面，我们可以看到一种民族平等和谐的气氛。民国时期和新中国成立前后，仍有人穿行于内蒙古和延庆两地，进行各种交易。

辽代，永宁作为腹地，生产发展较快，集市贸易已经比较活跃了。明代有了较为长期的稳定，为后来的商业繁荣奠定了基础。永宁商业真正发达的时期是清代和民国时期。

---

① （清）龚自珍《居庸关》。

清初，为安置入关的八旗官兵，下令圈占北京附近土地。顺治元年（1644年）圈占一次，顺治四年（1647年）又圈占一次，以后年年有拨补、投充、改圈等事件发生，直到康熙八年（1669年）后，整个事件才趋于平息，前后历时25年。万历年间，永宁有耕地38388亩，其中有21372亩被圈占，占耕地总数的56%。大批农民失去土地成为佃户，许多人无法生活而逃亡，地方凋敝，生产力遭到极大破坏；再加上康熙二十九年（1690年）到康熙三十五年（1696年）连续7年对准格尔部用兵，永宁供给频繁、差役不断，生产无法恢复，商业活动受到极大影响。直到清代中叶，北方逐渐安定，永宁才从重创中走出来，生产逐步发展，经济逐步繁荣，永宁的军事防御地位随之逐步下降。清王朝审视当时的情况，采取了逐步削减永宁的军事和行政管理机构的措施。

　　清顺治六年（1649年），裁永宁参将。

　　顺治八年（1651年），裁延庆左卫，驻永宁军事机关只有永宁卫一个。

　　顺治十六年（1659年），并永宁县于永宁卫，至此，永宁无行政机构。

　　康熙三十二年（1693年），裁永宁卫，归延庆州管辖。同时，永宁卫所辖靖安堡、刘斌堡、周四沟、四海冶等处军事机构也随之裁掉。至此，永宁城内军事机构全部撤销。

　　永宁城内的军事和行政机构逐步撤销后，永宁逐步走上了经济和文化发展的道路，尤其是康熙三十二年（1693年）以后，永宁终于完成了由延庆东部军事、政治中心到经济和文化中心的转变。到民国时期，永宁已经成为延庆地区第二大商业和文化中心了。

鳞次栉比的商号

　　民国时期，永宁商业空前发展。到 1935 年前后，永宁城内有 12 个同业公会，大小商号 140 余家，经营品种多样，行业齐全，产品质量稳定，信誉良好。其中烧锅行、六米行、金银首饰行、皮毡行等最为著名；烧酒、香油、杏仁、中草药等产品最受青睐，远销河北、山西、内蒙古、北京、上海、天津等地；胡麻、菜籽、布匹、棉花、煤油、煤炭等被大量购进、销售。货物吞吐和流通量很大。著名的老字号有庆余永粮行、源丰号缸房、福华楼银匠铺、于记纸坊、生生堂药铺等 10 多家。

　　北城面临东西通衢大道，南来北往的客商多在北街落脚。因此，北街日渐繁华，成了永宁城内的主要商业街道。北街从北到南仅 400 米，就有店铺 72 家，占永宁城内全部店铺总数的 53% 以上。临街房屋几乎全

部成了铺面门脸，大大小小的店铺比肩排列。各种招牌、匾额之上都是大字书写的各家牌号，而且都是永宁地区大书法家的手笔。真草隶篆、魏碑唐楷，各种书体、各种风格，无一不展示着永宁书家的风采，显示着永宁地区的文化厚度。北街东西两侧，是一道书法艺术长廊。

▲ 老字号印章

从北到南，路东第一家是个小磨房，其下依次为王轿子房、当铺、皮毛回收店、永顺缸房、冥活铺、荣寿堂药铺、大青盐专卖店、三合车马店、三源合杂货铺、翔茂修车铺、德生厚缸房、源盛永肉铺、广源兴绸布店、不二堂儿童商店、三庆车马店、源德公皮毛收购店、乾源堂药店、静山文具店、祯记杂货铺、布铺、源裕盛点心铺、张铁铺、源德公毡店、祥顺泰杂货铺、源德堂药店、梁铁铺、庆成永缸房、郭麻铺、布铺、德顺长杂货店、德华兴杂货店、德记茶庄、三顺和杂货店、耿麻铺、理发店等，共36家。

路西第一家就是李家开的车马店，车马、行人来往住宿极为方便。其下依次为宝生堂药店、富华楼银匠铺、牛皮房、王饭铺、德生长磨房、源德长杂货铺、阎记匣子铺、侯皮铺、玉记修车铺、赵鞋铺、史麻铺、同顺和布铺、赵记货摊、路铁铺、张记印刷厂、聚盛永布店、聚顺和布店、三义永棉布店、福德厚杂货铺、火勺铺、益盛兴酱房、万效堂药铺（阎氏）、广源隆醋酱房、药店、广源和布店、张记铁铺、毓和堂药铺、杂货铺、毡房、双王家，其下是永宁第一座二层楼，楼下有3家买卖：北

聚德魁银票

2间是程饭馆、其后是阎兆和西药店、南1间是宋烟铺，楼南侧还有3家铺面：三城玉布铺、马肉铺、武合理发馆等，共36家。

数数店铺的数量，再看看大街的长度，好家伙！平均5.4米就有1个店铺。瞧瞧这些店铺的名字，衣食住行全有了，行当真够齐全的。说北街店铺鳞次栉比，那是一点儿都不差的。

其他街道店铺虽然没有北街多，但除了东街因为有学校、官署和多处寺庙建筑，铺面较少外，另外两条街上的铺面数量也非常可观，其中，南街有22家，西街有24家①。

康恩的庆余永

永宁商号中实力最雄厚的是开办于清道光年间（1821—1850年）的庆余永粮行。

东家兼大掌柜的康恩具有远见。

最初，庆余永总号设在延庆城内；后来，康恩看到永宁周围耕地面积阔大，粮食产出量大，集市贸易发达，更适合于发展，就毅然决定，将总号迁到永宁城内西街。延庆城是当时包括永宁在内的延庆地区的经济中心，许多商家云集。康恩的决定令许多人不解，但庆余永迁到永宁后不久，占据永宁周边粮食收购和交通的便利条件，事业很快越办越大，迅速崛起为京津一带有名的粮行。

永宁总号占地5亩多，有3个大院，房屋100余间。主要业务是收购、加工粮食，运往北京、天津、河北、

① 《鳞次栉比的商号》基础材料源于时广生、许复之、马维德《民国时期的永宁商店》，原文载《北京文史资料精选·延庆卷》，北京出版社2006年第1版，第314页。

内蒙古等地销售，附带经营油盐等货物。总号设有酿酒坊、碾房等粮食加工作坊。在延庆、怀柔、怀来、赤城等地均设有分号。

康恩注重人才和管理，总号和分号的管理层骨干均由他亲自考察后任用，一个个都精通业务，忠心耿耿于事业。他除随时处理总号重大事情外，每年都要多次到各个分号考察。

为了便于运转和掌握各地情况，他在永宁至内蒙古、绥远沿线的各个积成公司内都有股份，每个积成公司内均有专用房间，以备来往巡察住宿。

康恩年轻无子。1911年，康恩50岁才生子康伯章，因而爱如掌上明珠。康伯章少年聪明，先读私塾，后毕业于北京朝阳大学法学院，学识渊博，为延庆县有名的才子，人们尊称他为"康先生"。康先生书法造诣和功底深厚，楷书崇颜柳，行书学赵孟頫，尤善魏碑，作品艺术水平很高。他还喜欢京剧，与梅兰芳、萧长华等京剧名家交往甚密。虽然康伯章多才多艺，但对商业管理一窍不通。

1945年，康恩死后，康伯章就将总号和所有分号的职员全部辞退，铺面全部拍卖关闭，老字号庆余永从此销声匿迹。

韩半城的"源"字号

家居阜民街的韩氏，乃永宁望族。其家有土地30顷，从事农业种植和土地出租，同时兼营商业和酿造业。民国时期，韩氏产业主要由韩玉龙经营。

韩玉龙生于清末，排行第三。为人精明能干，善于经营。商业涉及杂货、药品、布匹、粮食、肉类、皮毛等多个行业；酿造业有酒、醋、酱和酱油等作坊。

韩玉龙经营的产业发展很快，到民国后期，韩氏家族的商业用房的总面积，占永宁城内商业用房总面积的近一半，因此，人们称韩玉龙为"韩半城"。永宁城内凡带有"源"字的铺面、作坊，均是韩半城独资或与人合资的企业。计有源丰号缸房、源玉盛杂货铺、源德公皮毛铺、广源隆酱醋铺、聚源堂杂货铺、源德堂药铺、源德公毛皮回收店、乾源堂药店、广源兴布店、源盛永肉店、恒源永布店、源隆客店、源聚永粮店等13家。其中，以源丰号缸房规模最大，为韩家独资兴办并经营。

源丰号缸房创办于清光绪年间，地点在永宁城南街路西，占地约12亩，有铺面房5间。酿酒场在院内，有房屋50多间，其中酿酒坊长6丈多，宽4丈多。另有储酒库5间，可储放成品10000斤。雇佣技术工人和伙计20余人，使用传统酿造技术，每月产酒3000余斤，除供应本县外，还远销河北、山西、内蒙古等地。

源丰号缸房酿造的酒因水质好，工艺精细，声誉甚好。延庆城距永宁40里，逢年过节，延庆附近的许多人都到源丰号打酒。

韩玉龙是一位开明绅士，抗日战争期间，虽任永宁镇伪镇长，但经我方动员，愿意加入抗日救国会，并以其特殊身份为抗日救国做工作。据当时任中共昌延联合县六区区委书记的姜国亭回忆，韩玉龙"为了表示加入抗日救国会的意愿，他交给了我们一支手枪算作会费，并向我们提供情报。最突出的一项贡献是把伪延庆县政府贯彻执行伪蒙疆（自治政府）《第五次施政跃进计划》送给了我们"①。因为情报来得及时，我方立即进行相应部署，很快粉碎了敌人的阴谋。

---

①姜国亭《岁月拾零》，第12页。

于记造纸坊

于记纸坊是延庆地区开业最早、规模最大的造纸坊，创建于明代，兴盛于清末和民国时期。

于记纸坊在永宁城内西街路北。有三进院落。临街南房为店铺，出售成品纸张和文具；院内只有北房而不建配房。房子除住室外均为作坊。作坊内有水碾、漂纸间、晾晒场地等。

水碾，下部为圆形石制碾盘，直径6尺6寸，靠外圈刻有宽1尺多、深近1尺的石槽，石槽上宽下窄，底部呈弧形，高出地面半尺而平放。碾盘中心竖起木制的轴，直径约六七寸。

▲ 水碾石槽

碾轮，状似巨大的车轮，也为石制，直径6尺，厚六七寸，中心刻有圆孔，边缘渐薄，呈弧形。竖起，放置在石槽内，用一根长圆木从中心圆孔穿过，一端和碾盘竖起的木轴连接，另一端伸出碾盘之外约3尺。用骡马等大牲畜牵引，一圈圈转动。将废纸、旧布条、麻绳头等放入石槽内，添适量的水，即可碾成纸浆，用于漂纸。

内院设有漂纸房，纸张漂出之后，粘在晾晒场的墙壁上晾晒。于家三进院落，无配房的东西墙都用白灰抹光，用以晾晒纸张。

▼ 水碾石轮

漂纸是技术含量较高的手艺，也是造纸的关键性技术。公开了这项技术，就等于多了竞争对手，所以，于家掌柜订下严格的规矩：未经掌柜允许，外人绝对不许进入漂纸间。

民国中期，于记纸坊雇用纸匠6人，日产麻纸10刀，每刀100张，共1000张。纸张细白而结实，经年无库存积压。延庆地区习字、糊窗子、顶棚等用纸，多是于记纸坊的麻纸。此外，于记造纸坊生产的纸张，还销售到河北省张家口市和怀来县一带。1937年，日军侵占永宁之后，于记造纸坊因原料匮乏而被迫停业。

令人惋惜的是，永宁百余家商店铺面，10余家著名老字号，有的虽然一直经营到20世纪50年代，但公私合营之后，所有老字号全部被新的名字替代而湮灭，经营也发生了较大变化，无一个老字号延续下来。

坐店和店规

永宁城内的店铺管理很严格。掌柜的负责店铺的经营管理。掌柜的由东家亲属或聘用可靠的有文化会经营的人充任。掌柜的要向股东——俗称"东家"负责，大宗买卖和大项开支报东家决定，日常进货和销售由掌柜的做主。但账目记录要翔实无误，且日清月结，定期向东家汇报，并接受东家的视察和询问。年终要有结算。

店铺的雇员都是经过3年学徒出师后被雇用为店员的。店员也称"伙计"。

学徒，必须有名望较高的人介绍，并且有人作担保，东家和掌柜的认可后方能收录。学徒期间只管吃管住而不发工资。学习内容包括识字、珠算、记账、进货、售货和接待礼仪等商业知识，其中接待礼仪尤为重要。学徒，俗称"学买卖的"。

坐店的伙计穿着必须整齐，要特别注意接待顾客的礼仪。顾客一进店，伙计就要微笑着先打招呼；然后，走出柜台，为客人脱下外衣挂好，随即给客人让座，沏茶倒水；待客人稍事休息，才询问："您老要见掌柜的，还是要添点儿什么？"

顾客购买前可以随意挑选，伙计必须不厌其烦地一一作相应的介绍；顾客选定货物后，要逐一将货物包好，算账时要将数目唱出来，收款和找钱也一样要把数目交待清楚，消除顾客任何疑虑。

顾客出店，伙计要替顾客挑门帘，并送出店外；说："您有空儿再来！赶集上店没事了，到这儿坐一会儿，喝口茶！"

城内或离城较近的顾客购买的货物，不论货物轻重、大小、多少，店铺都可以派伙计送货上门。

顾客看中了货物而没带钱，或钱没带够，只要掌柜的批准，顾客可以记账赊欠。

店铺对学徒和伙计的要求非常严格，尤其是在对顾客的态度上要求更严格，如果发现学徒和伙计顶撞、侮辱顾客，或与顾客吵架，当事的学徒或伙计将立即被开除或被解雇。

上述店规虽然无明文规定，但都是掌柜的反复叮嘱，伙计和学徒牢记在心，并且必须照办的。

集市和牙行

集市

历史上延庆的集市都集中于城镇。但明代以前延庆建制沿革复杂，战乱和兵燹不断，历代的城池均被毁坏，集市贸易无稽可查。明代建筑了延庆、永宁、四海冶、靖安堡等城镇后，集市贸易有了固定的场地。后来，康庄、千家店、张山营等地也有了集市。诸多的集市以延庆、永宁的规模最大，也最活跃。各种农副产品和畜产品分别集中于不同的街道和场地进行交易。

据《隆庆志》记载，明代"日中为市，致民聚货，各得其所，其来远矣。州之集，今分在五街，贸迁者甚便焉。有老人以治其争，然物价低昂，与时消长，官亦不能定也"[①]。永宁的集市设在"四牌楼"，即永宁城内为4条大街命名建立的善政、广武、阜民、拱辰等4座牌楼附近，"一月六集，三、八为市"[②]。

清代中期到民国时期，由于商业发展迅速，明代规定的每月6集已经无法满足交易需要。于是，永宁城便改为农历逢单日开集，和延庆城的双日开集日子错开，人们可以在不同的日子分别赶两处集市。

民国时期，永宁集市分布于东西南北4条大街，以腊月最热闹。进入腊月后，一大早，就可看见运货人从4门陆陆续续进城，有驾马车、驴车、牛车的，有赶着牲口驮子的，还有推车、挑担和用背架子背的。他们早早赶来，将货物运进城内，抢占地理位置好的地方作摊位。

早饭后，赶集的三五成群、络绎不绝地拥进城内。4条大街上人声鼎沸，来来往往拥挤不开。北街卖的是各种农产品和日用杂货类的叉耙扫帚等，最北头开骡马市。南街是煤炉炭火、干鲜水果。煤炭装在毛口袋[③]内，一袋一袋摆开。水果多用牲口拢驮筐驮来。南山、东山出水果，干鲜水果的牲口驮子进了南门，把驮子卸了就地摆摊，极方便。西街是五谷杂粮、白面大米、生

①明嘉靖《隆庆志》卷之一。
②明嘉靖《隆庆志》卷之一。
③毛口袋：一种粗猪毛、牛毛等粗毛纺织的糙布缝制的长口袋。口径约1.5尺，长约3尺。

肉等。3条街的货物都摆作3行：靠街边对面摆两行，街心又摆一行。东街卖的是木柴、木炭，靠玉皇阁开猪、羊市场。以木柴数量最多，木柴有劈好的长条木块，还有成捆的山柴，占大街南北两侧。赶牲口的柴驮子因为不太重，不必卸驮，有了买主，赶上牲口跟买主走，一直把柴送到买主家，并帮助搬到院内，码好。

牙行

牙行是集市贸易产生的特殊行业，有牲口牙和斗牙两种，另外还有秤行。牲口牙仔是马、骡、驴等牲口交易的中间人。他们都很精明，能说会道，特别善于讨价还价。不仅对牲口十分了解，而且对各种牲口的时价也非常清楚。牲口牙仔赚中间差价。因此，讨价和还价都秘密进行。牙仔只分别拉着买卖双方的手，把表示数字的手势分别送入买卖双方的手上，讨价；买卖双方也用相同的手势和牙仔还价。这些动作都在大襟底下秘密进行，不让交易双方看见，交易双方也不互相通气。价钱说妥，牙仔直接向买主收钱，然后再把钱交给卖主。所以，牙仔对卖主压低价钱，而对买主则尽量提高价钱，但总的来说牙仔对卖主好一些。延庆有句俗话说："老婆向汉子，牙仔向贩子。"

九个数字的手势是这样的：一二三四五分别用相同数量的手指表示，后四个数字是猫六、捏七、撇八、钩九。猫六，将拇指和小指伸开，其余三指合拢，做出猫头的样子为"六"；捏七，拇指、食指和中指捏在一起为"七"；撇八，拇指和食指撇开为"八"；钩九，食指前端钩回为"九"。牲口牙仔收了买主的钱，一般都要一两个月以后才交给卖主。他拿了卖主的钱放债，赚利钱去了。

民国后期，赵华亭、李成珍就是当时有名的牲口牙仔。

斗牙仔不管粮食价格。只要双方谈好价钱，斗牙仔只管过斗。过斗有常人看不到的小伎俩。买卖双方谁跟斗牙仔熟，谁对斗牙仔有利，斗牙仔就向着谁。

斗牙仔一般是两个人，一个拿斗，管过粮食数量；另一个拿簸箕，从一个笸箩里撮起粮食，倒在另一个笸箩的斗里。每逢集日，斗牙仔手里拿着像旧时量布木尺的淌子①，背着一串斗，撮簸箕的拿着笸箩和簸箕跟在后面，从西街路南的粮捐局②院内大摇大摆走到粮食市场。

斗牙仔两个人配合默契熟练，过斗速度很快。只见撮簸箕的把粮食哗啦往斗里一倒，过斗的右手用淌板刷刷刮两下，嘴里一斗两斗地喊过，左手早提起斗，已经将一斗粮食灌入了买主的袋子。他们玩的猫腻，能让一石粮食上下差3升，不是行内人说出来，一般人无法看得出。

原来，撮簸箕的如果将粮食溜入斗中，就是向着卖粮的；如果哗啦一下将粮食倒进斗中，就向着买粮的。因为溜下去，粮食密度小，体积就大；倒下去，粮食密度大，体积就小了。比较起来，1石粮食上下可以差2升。过斗的淌板约有1尺多长，半厘米厚，三四厘米宽，上下4条棱，其中3条是圆的，另1条是方的。若用两侧棱都是圆的一面刮，用力再小一点儿，刮下去的粮食就少；若用带有一条方棱的一面刮，用力再大一点儿，刮下去的粮食就多。对比起来，1石粮食上下差1升。

庆余永经常派二掌柜的到集市收粮食。二掌柜的身穿长袍，外罩马褂或皮衣，马褂或皮衣左上方有衣

---

①淌子：形如木尺，但比木尺稍宽稍厚。用以顺斗梁和斗边将木斗上的多余粮食刮掉，使粮食正好满斗。
②粮捐局：民国时期设在永宁城内，收取卖粮人的税捐。

永宁

兜，兜内放着半截牛角做的墨盒，另外还装有1支毛笔。牛角墨盒内装有绵纸，倒上墨汁，盖紧盖儿，墨汁不洒不漏。收了粮食，二掌柜的就从衣兜掏出墨盒，拿毛笔在墨盒蘸一点儿墨，左手拿着五六厘米宽的纸条，右手用笔写好粮食品种、单价、数量交给卖粮的人。卖粮的人凭这个纸条就可以到庆余永拿钱了。二掌柜虽在手掌上写字，但那字却写得非常清楚漂亮。

朱尚平是斗牙的领头人，和庆余永关系密切。

秤行的领头人一个叫石成起，另一个姓苏。一开集他们每人就扛一杆大秤到南街，专管煤炭、水果等大宗买卖成交后过分量。每过一秤，卖主给他们一两角钱做酬劳。

牲口牙仔、斗牙仔和秤行一直活动到20世纪50年代初。

其他小宗买卖如布匹、日用品、农具、猪肉、叉耙扫帚等的价格，买卖双方自己就商定了。

沿街叫卖

旧时，一些挑担售货的或手艺匠人揽活都要走村串

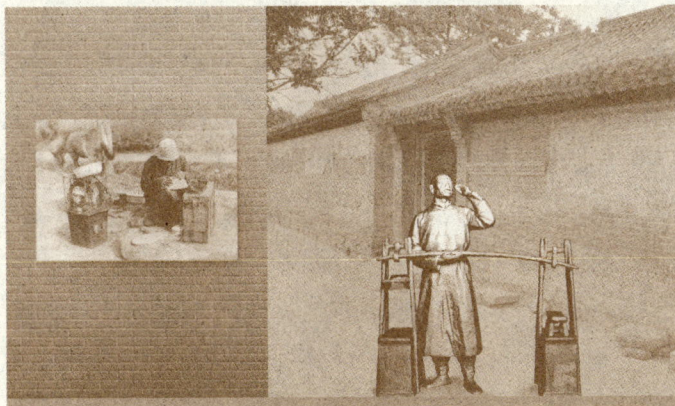

◀ 小炉匠

户沿街叫卖。叫卖声因销售的东西不一样，内容和声音也不同，但共同的特点是尾音都拉得很长，尽量使声音传送得远些。卖日用小百货的最活跃，他们把销售的货物编成顺口溜唱出来："顶针锥子针头线脑，烟袋火镰绣花荷包，镜子油盒梳子剪刀，洋袜子手巾随便挑……"最后拉一个长声喊："贱买贱卖喽！"见有人出来，就说："您随便捡来随便挑，不买瞧瞧也不恼！您瞧瞧，开开眼，您用着保准好喽！"围得人越多，就唱得声音越高。

卖炸糕、火勺、油炸鬼等小吃的，担子两头各挑一个草编的椭圆形带盖的"笼帽"，喊："热乎炸糕、火勺、油炸鬼喽——"可以单买一种，也可以论套——一个火勺夹一块炸糕或一个火勺夹一个油炸鬼叫"一套"。

卖水萝卜和小葱的担子两头各挑一个"架筐"，架筐下面是个类似箩筐的浅筐，上面是用4根细木条做成的架子。架上有绳套，用来拴扁担。架筐四周没有遮挡，将水萝卜和小葱一层层码上，露出带水的蔬菜，鲜红的水萝卜、绿生生的小葱，水灵灵的，又好看又诱人。进村就喊："小葱水萝卜喽——"

香瓜用箩筐担。有意思的是，卖香瓜的大多戴着草帽，只喊："挑瓜喽——"旧时，香瓜出产不多，人们生活也不富裕，遇有熟人，卖瓜的就把草帽压下去，把头低下，不打招呼，是怕熟人认出来而白吃白拿。

挑担卖沙锅、药吊子的喊："卖沙锅沙蛋壶喽——""沙蛋壶"就是煎中药的药吊子。之所以把药吊子叫成沙蛋壶，是因为叫"药壶或药锅子"不吉利，会引起人们反感。

昔日，由于交通不便，离城镇稍远的村庄经常有各种小买卖人进村叫卖，而且各自叫卖的内容和声音也不同，那些高高低低长长短短抑扬顿挫的叫卖声，一回回唱来，只把人唱得嘴馋心动兀自不肯罢休。它的诱惑甚至超过一阕优美的诗词或一段动听的小曲,听来是一种享受,尤其是孩子们,总爱围在一旁看热闹、听新鲜。那些叫卖声不仅能把那些买卖人的神态心境表现得淋漓尽致,而且还能诱发人们诸多的联想,成为溶入东川人生活的一种多彩的艺术。

叫卖音乐

唱出来的叫卖声引人,不是唱出来的叫卖声同样引人。那声音是用打击乐器演奏出来的,有的乐器很特殊,它们虽不登大雅之堂,却别具风味。人们不用出门,只坐在屋里便知卖什么的来了。如"咚唥唥"的货郎鼓响是卖小百货的;"梆梆梆"的梆子响是卖香油芝麻酱的;敲锣打鼓的是要把式卖艺出售狗皮膏药的……货郎鼓柄上有一面直径4寸左右的小鼓,鼓的支架上挂一面小锣。鼓声要响,锣声要亮;梆子讲究桑木梆子枣木槌,敲出来的声音不仅清脆,而且传得远;当然,最动听的还是火勺槌子的敲打声。

还有一种是专为揽活而吹打的乐器。小炉匠的担子上挂一面小锣,锣的两面都有槌,他边走小锣边"叮当当"响。抢剪子磨菜刀的边走边摇着"响板",响板是十几块薄铁板做的,用皮条连成一串,手腕一抖,手往上一掂,便发出"跋拉跋拉"的声音。

剃头的使用"唤头"———一种类似音叉的乐器,长约1尺,下面是长3寸左右的把儿,把儿上面是两块钢片,挨把儿的地方厚2厘米,宽约1寸,两块钢片的距离有1厘米多,越朝上越薄、越窄,距离也越近,顶端是似挨似不挨的一个小缝儿。从侧面看,两片钢板像一个等腰锐角三角形,顶端的锐角角度很小。另有一个直

▲ 货郎鼓

▲ 梆子

商贾集市

径约1厘米，长约15厘米的小铁棒。剃头的一手拿唤头，一手拿小铁棒，将铁棒插入唤头下部的缝内，用力快速向上一拉。唤头就发出非常好听"扔扔扔"的声音。剃头的在街头很远的地方拉唤头，50米范围内院子里的人就能听得清清楚楚。

卖酸梅汤的老霍一上街，就一边喊"酸梅汤"，一边用手腕抖动手里的两只铜碗，那铜碗就发出"当当当当"的响声。即使人声嘈杂，听不到他的喊声，铜碗的响声也会传过来，让人听出酸梅汤的味道来。

另外，还有行医的摇转铃，算命打卦的打板或吹笛子等等。由于他们使用的乐器不同，演奏的旋律迥然有别，人们一听就知他们是揽什么活的。

那些林林总总的乐器吹打出不同的曲调，不仅可以和唱出来的叫卖声媲美，而且和后者相映成趣。在那广告媒体和手段还不发达的旧时代，它的作用是绝对不可忽视的。

虽然商业和交通日渐发达，有不少行业已经被淘汰，一些叫卖的乐器也随之消失了，但偶尔还有响板和梆子响，不禁勾起人们对往昔的回忆。

地方庙会

　　永宁有"大庙有会，小庙有跪"的俗语，是说所有的寺庙都有活动，较小的寺庙只有祭祀，而较大的寺庙就有庙会了。永宁地区庙会遍布城乡，活动遍及所有的村落。

永宁有"大庙有会，小庙有跪"的俗语，是说所有的寺庙都有活动，较小的寺庙只有祭祀，而较大的寺庙就有庙会了。永宁地区庙会遍布城乡，活动遍及所有的村落。

永宁城内较大而有特点的庙会有开春的虫王庙会、五月十三日"关老爷磨刀"的关帝庙会、五月十八日的灶君庙会、五月二十八日的城隍庙会、七月十五日的三义庙会。城外的庙会就更多了，如二月初二的小寺庙会、三月十四日的泰山庙会、四月十八日的娘娘庙会、四月二十八日的黄龙潭庙会、五月十三日的老爷庙会、七月初七的山神庙会等，以黄龙潭庙会影响最大。

两卫和参将府管辖的地区还有玉皇庙、娘娘庙、神仙院、泰山庙等8个庙会。以神仙院和泰山庙会最著名。

另外还有不定期的"春祈秋报"的庙会，数量更多，因为丰收，娱神的心情虔诚，活动规模更大。"春祈秋报，则多集乐人，般演杂剧以乐神，年丰则尤盛焉"①。

这些庙会自农历三月初三开始，一直延续到秋收完毕。各个庙会都有自己的特点，既有商品交流，又有戏剧、杂耍、说唱、花会等各种文化娱乐活动，真可以说琳琅满目，令人目不暇接。既促进了经济发展，又丰富了百姓的文化生活，因之特别受永宁人喜爱。

永宁的庙会虽然多，但因活动内容各具风采而特别吸引人。

---

① 明嘉靖《隆庆志》卷之七。

关帝庙会——唱大戏

关帝庙位于永宁城西南隅，明正统年间内官谷春建，占地2500平方米，殿房24间。

走到关帝庙的街口就已经感受到庙宇的气势，街口矗立一座高大的牌楼，门额前面书"万古英风"，后面书"亘古一人"。

过牌楼是庙宇的山门。山门内左右各有泥塑的马童牵着骏马。穿过山门，便是坐南朝北的戏楼。戏楼北有东跨院，跨院门为木制牌楼，门额上书"圣贤豪杰"4个大字。进门正北3间大殿，露门柱写有"大义参天地，英风贯古今"的烫金楹联。殿内正中有高8尺多的关羽坐像，一左一右立有关平、周仓像。坐像前还有一尊高1米多的关羽铜像。关羽骑骓骝，右手托刀，左手捋髯。那威风凛凛的形象和气贯长虹的气势教人敬畏。

关帝庙最讲究的建筑是戏楼，最引人注目的活动是唱大戏。该戏楼是永宁城内最大的，底座高1.5米，其上建有台面宽10米，南北进深12米的高大楼台。戏楼的建筑非常讲究，楼顶分两部分，后部为两出水的尖顶建筑，为了免除雨水溲墙，后檐长出后墙约1米；前面与戏楼前半部分衔接。前部为卷棚式建筑，顶部浑圆。楼顶覆盖绿琉璃瓦，飞檐翘拱，气宇轩昂。

台前竖有4根立柱，柱头装饰木雕兽头，柱身装饰木雕二龙戏水，中间2根木柱上挂有木刻楹联，书"文成武就金榜题名虚富贵，男婚女嫁洞房花烛假姻缘"。

隔开前后台的是一个木质长条屏风。屏风上方副额檩枋悬大块匾额，其上"阳春白雪"4个大字，为中国第542位状元刘春霖所书。屏风中间为透雕的《松鹤延年图》，构图严谨，疏密得当，层次分明，刀法细腻准确，渐隐渐露的虬枝上松叶如针根根逼真，或立或走或舞的仙鹤形态各异，是一件难得的艺术珍品。

戏楼前场地开阔，绿树成荫。每逢庙会，远近几十里的百姓都来看大戏。近的，步行，看罢戏多晚也朝回家赶；远处的，赶车、骑毛驴，晚上，就住在永宁附近的亲戚家。

演戏的都是大剧团，北京、石家庄、保定、张家口，以及山西、陕西等地的梨园社团都曾到这里上演过精彩戏剧。各地客商也跟随来做买卖。20世纪50年代，著名歌唱家郭兰英，京剧表演艺术家赵燕侠、梅葆玖等曾在此献艺。戏台下，人山人海、摩肩接踵、挨挨挤挤，连树杈、墙头都坐上了人，喝彩声喊叫声响成一片，场面非常热烈。

庙门外开放市场，天南海北的烟酒茶糖、布匹、日用百货，本地的土特产、小吃，货物花花绿绿、琳琅满目，摆满了大街两侧。客商或搭席棚或围席圈或摆地摊儿，用不同的口音招呼顾客，叫卖声此起彼伏。熙熙攘攘的人群你来我往，挑选褒贬货物的，打价还价的，吵儿巴轰，非常热闹。

令人惋惜的是，20世纪60年代末，庙宇、戏楼被拆除，戏台上的屏风和刘春霖书写的匾额也被"砸烂"当柴禾烧了。

昔日，永宁寺庙多，与寺庙同时建造的戏楼也多，仅永宁城内就有3座，而永宁城外辖区的戏楼就更多了。

城隍庙会——特殊庆典

龙王庙、城隍庙和关帝庙3座庙宇，在永宁西南一字排开。每年五月二十八日到五月三十日的城隍庙会，永宁城内和永宁城附近地区的三四十个巫婆、神汉都来赶会拜神。

城隍庙对面也有戏楼，庙会期间唱小戏，多在北京天桥写戏，水平不很高，只图热闹。戏楼两侧搭建席棚，席棚内有用木板支起的座位，供妇女和孩子们瞧戏。

城隍庙山门有木质对联，上书"为恶不殃，祖上仍有余德，德尽则殃；做善不昌，祖上必有余孽，孽尽则昌"。进山门有两进院落。第一进院落的正殿供奉灶君，西配殿供奉老醉头。老醉头面前各摆放一个酒坛子，进香的人纷纷往酒坛子里倒酒。酒坛子满了，道士就把坛子里的酒倒在大缸里。3天之后，两口大缸装得满满溜溜的。

第二进院落正殿供奉城隍。庙会期间最热闹，永宁城里的道士全都集中到第二进院落内。灶君正殿前并排摆放3张高桌，桌上放有笙管笛箫等各种乐器和茶水，道士们坐在桌后，吹吹打打，演奏3天道教音乐。

善男信女纷纷到庙里给灶君和城隍进香，送面食花供。3天后庙会结束，供品装满了两个大囤。

庙会结束了，巫婆、神汉留在庙里，吃喝3天才离去。余下的大部分供品除了各个庙里的道士们拿走一些，就留给本庙的道士吃。他们吃不完，就送给附近的乡亲。两大缸酒喝剩下的，又送到积玉酒铺卖掉了。

从上述情况看，庙会期间进香的人很多，而且也不仅限于永宁城内的居民。

三义庙会——牙行集会

每年秋后的七月十五日左右，三义庙也有庙会，庙会期间，牲口牙、斗牙（包括猪羊牙）、秤行在三义庙集会。这三种行业，行规严格，牙仔们抱团儿、讲义气，自比刘关张生死兄弟，所以借助三义庙这块地方举行他们的庆典集会。这个集会三行二三十人一个不落地都要到三义庙进香、上供，举行庆典的同时，讨论和处理行内的重大事务。三义庙前也有戏剧演出。戏是三行花钱请的。

泰山庙会——娃娃多

泰山庙在永宁城西北角，三进院落，一色青砖蓝瓦。庙内供奉主管人间生育的子孙奶奶。旧时，永宁地区多灾多难，而且医疗条件也差，人口一直不很多，不论地方官员，还是普通百姓都盼望人丁兴旺。人丁兴旺，不仅标志地区的繁荣，也预示家庭日子富有。因此，人们对子孙奶奶特别恭敬，尤其是女人。女人如果多生多育，尤其是多生养男孩，在家庭中的地位自然会提高。因此，每年四月十八日至二十日的泰山庙会就成了永宁年轻女人的庙会。期间，新婚不久的，婚后没有生育过的，或还没有生育男孩子的妇女都到泰山庙进香求拜，并且都要在泰山庙给子孙奶奶挂娃娃。子孙奶奶塑像上的娃娃挂得没处再挂了，神台上、供桌上、子孙奶奶面前侍女的塑像上，就连大殿外面走廊的绳子上都挂满了娃娃，后来的只好将娃娃挂在院子里的树杈上，数量多达几百个。

那些娃娃，或用棉布缝制，或用棉花扎制。用棉花扎制的，要用各色棉布裹起来做成娃娃的样子。那些大大小小、花花绿绿、形态各异的娃娃，无一不栩栩如生，有的简直就是一件难得的艺术品，不仅显示了女子的心计和手艺，而且也显示了她们虔诚的心态。

神仙院庙会——进香队伍长

　　神仙院在今龙庆峡的北山顶上。龙庆峡山高谷深，下有妫河流过。不但有"一自牧童歌出谷，桃花流水武陵迷"[①]的迷人风光，还有"崎崖多古柏，盘道小茅庵"[②]的寺庙建筑。逛神仙院庙会，不仅可以进香许愿，还可以游山玩水，所以每年三月初三的庙会非常热闹。

▲ 神仙院庙会

　　从山外走进山内的山谷有四五里长，进了山谷还要走几百米的小路才可到达神仙院。庙会期间，曲曲折折、高高低低的山路上，迤逦排满了进香的男男女女。花花绿绿的衣服和雨伞装扮的队伍像一条彩色的长龙，从山外一直延伸到山头，颇为壮观。

---

①李钟侔《忆游金刚山》，清乾隆《延庆州志》卷之十。
②师相《题神仙院》，清乾隆《延庆州志》卷之十。

神仙院山上和山下场地不大，文艺活动主要是花会表演。

黄龙潭庙会——物资交流大市场

黄龙潭每年农历四月二十八日到三十日都要举行盛大的庙会。

黄龙潭附近原建有戏台，面对黄龙庙。每年庙会，会头都分别到北京、河北、山西等地邀请剧团来唱戏，京剧、晋剧、河北梆子等剧种都上演过。

这3天上午、下午和晚上都开台，叫"三刹台儿"，或叫"三开箱"。四月十八日晚，戏班的主要演员全部粉墨登场，唱八出最能表现他们水平的折子戏，叫"夜八出"。旧时，唱夜戏舞台上要吊挂、摆放若干大"海灯"。海灯用铁盆或小铁锅作容器，里面添放素油，沿儿

▼ 黄龙庙

上点燃一周棉花捻儿。因为灯头很多，风一般吹不熄，而且很亮。20世纪50年代中期，出现了上海制造的将煤油雾化燃烧的汽灯，台前一左一右各挂一盏，光线就更好了。过去，庄稼人白天忙，看夜戏的人多。十里八里的不用说，几十里以外的也多步行赶来，有亲戚朋友的可以住在亲戚朋友家，没有的晚上还要赶回去，第二天照样下地干活，多大精神头！

黄龙潭山水相依，景色宜人，西南一带地势平坦开阔，是历代帝王驾幸驻跸的地方，名气很大。虽然不在永宁城内，但黄龙潭庙会却是延庆地区规模最大的，而商品交易更增加了它的吸引力。

四月二十六日，永宁、延庆、河北、内蒙、北京、天津、上海、太原、沈阳、内蒙古、山东等地的客商纷纷赶来搭席棚占摊位。大路上，满载货物的车辆、骡马骆驼，络绎不绝。席棚自黄龙潭边起，向西排开，门脸相对，中间是通道，搭成南北通行的大街的样子，8排席棚中间形成4条通道，每一条都有主要出售的商品种类：第一条，即最东面一条，卖丸子、火勺、油炸鬼、油箅子、炸糕等各种小吃；第二条出售各种农产品、农具；第三条出售布匹、皮货；第四条卖杂货。内蒙古的皮货、上海的布匹、山东的铁器、沈阳的药材、江南的茶叶……各地客商都打起大甩卖的旗号，拿出最好的货物招徕顾客，场面阔大而热烈，那可真是盛极一时。永宁城内的商铺几乎全部到场，就连剃头铺也下来占摊位。另外，黄龙潭东南还开有牲口市场。

四月二十八日，庙会正式开始，拜神许愿的、买东西逛市场的、品尝小吃的、看大戏和杂耍的、听书的、看拉洋片的……黄龙潭南200米左右，西200米到河边，漫山遍野都是人，黄龙潭后面一左一右的山，从山脚到山顶都坐满了人。山坡和山顶上，人们撑起红红绿绿的雨伞，非常好看。

特别有意思的是，黄龙潭庙会年年有生小孩的。为了照顾孕妇和新生儿，心地善良的上磨村人，年年在戏楼后面搭席棚，专做临时产房。

天气渐渐热了，草帽销售很快，有人从平谷丫髻山庙会趸来几百顶草帽，作专卖。

黄龙潭庙会现在仍是上磨村的传统文化活动项目。

农耕仪礼的特殊庙会——黄龙潭祈雨

旧时，永宁有诸多的仪礼，立春日的劝耕，在永宁城东设春场，举行劝耕仪式，地方州官带文武百官到春场设宴，并亲自扶犁以"劝耕劝农"。第二天，画一个土芒牛，吹吹打打送到乡下，以示春天已经来到，要抓紧备耕。

再如淫雨连绵不停，农家主妇就要将挡在灶门下面的砖拿出，冒雨立在当院，称"灶门砖，顶破天"，以求天气放晴。

▼ 潭水碧透的黄龙潭

洪水泛滥而久不退落，百姓认为是"龙闸水"——龙王把身体横在下游，将水流挡住了。沿岸的百姓就自动将自家的猪、羊、鸡、鸭等家畜家禽，和其他供品投入水中，以敬龙王，请求他回到龙宫。

发生虫害和瘟疫等，人们就分别到虫王庙和

药王庙求拜。

发生日蚀或月食，人们认为是天狗吃了太阳或月亮，家家敲铜盆子、铜舀子，借以惊吓天狗，使之将太阳和月亮吐出来，不然天下就将昏暗了。

永宁地区有十年九旱之说，到黄龙潭祈雨，就是地方志书提到的"春祈秋报"中最主要的农耕仪礼。

▲ 黄龙老祖塑像

黄龙潭在永宁西10里的上磨村东侧。水源深浚而源头众多，日涌量3000余吨。潭水清澈见底，细草间游鱼若无所依。"下有水运碾硙四座"①，这些碾硙系元代建造，为延庆迄今发现最早的水磨。

黄龙潭西侧有一座明代修建的黄龙庙。据地方志书载：过去"居人每见有黄马出游岸上，近则马入水中。兵备道万公驻节，有黄蛇跃出，匍匐昂起，若迎见状，仍返跃入潭。万公异之，为建黄龙庙。建庙后马不复见，因名'黄龙潭'"②。这位万公就是当时任怀隆兵备道的万世德。

从山门到正殿，原有13块自明代到民国时期名人题写的匾额，清代乾隆、光绪两位皇帝各自亲笔御赐了"黄龙古潭"、"泽周上谷"的匾额。一座不大的庙宇，竟让两位皇帝垂青，足见其影响之大。

黄龙潭附近修了黄龙庙，早年经常有人到黄龙庙祈雨，不仅永宁附近，就连延庆县城以西三四十里以外的农民也到这里祈雨。百姓们管祈雨叫"求雨"。

求雨以村为单位，活动时家家出人，组成一个进香

① 清乾隆《延庆州志》卷之一。
② 清乾隆《延庆州志》卷之一。

队伍。求雨的带头人是会头，多为地方有名望的长者，他怀抱着一个瓷瓶，瓶内放有少量清水，插一枝柳条，走在最前面。他左右有两个小伙子护持。后面是进香的群众。队伍中所有的人不管走多远路程，一律打赤脚，挽起裤腿，戴柳条编的帽子，以示虔诚。沿途路过的村子都要管饭吃，其中，必须要有炒米水饭。取其含有雨水之寓意。队伍行进中有大鼓、大钹、大镲等打击乐器伴奏。大鼓的节奏比较自由，最引人注意的是大钹和大镲的伴奏。大钹发出"嗵嗵"的声音，大镲发出"嚓嚓"的声音，它们配合的节奏为：

嗵嗵 嚓｜嗵嗵 嚓｜嗵嗵 嚓嗵｜嚓嗵 嚓：‖

会头先领众人到龙王庙拜龙王，然后到龙潭边焚香上供，并把一些白面做的供品扔在潭内。然后，把瓷瓶口用红布塞紧，送入龙潭中，第3日上午再拿出来。假若水太少，则预示无透雨；假若水灌满了，则预示有暴雨或冰雹。遇到这种情况，要继续在潭边祈祷，直到再次放入水中的器具里有一半水才行。古诗"香花取水

①明嘉靖《隆庆志》卷之十，赵祖《祷雨示隆庆州官吏》。

◉北京地方志·古镇图志丛书 永宁

龙王庙"①说的就是这件事。

　　龙王庙的龙王塑像有两个，一个是泥塑的，很大，端坐在大殿正方；另一个稍小一些，木质，放在泥塑像前侧方。久旱不雨时，求雨队伍可以把龙王木质像抬出来游行，沿途各家都要在大门口往木刻像上泼水，有时还要把龙王塑像抬到当街上晒太阳，据说龙王被晒出汗自然要降雨。

　　若数次求雨仍不下雨，最后一招就是"苦求"。苦求要一个年轻汉子在一条胳膊上穿上铁钩，铁钩下面吊一个秤砣，跟在领队人的后面；他后面是一个或两个扛铡刀的。扛铡刀的要把3片铡刀绑在一起成三角形，刀刃向内，头钻到三角形中间的空隙里，把铡刀扛起来。挂秤砣的手臂淌血，扛铡刀的如扛着铁枷的重犯，那阵势既悲壮又残酷，小孩不敢看，不少女人看着直落泪。

　　祈雨就是史书上说的"春祈"，假如这一年风调雨顺年景好，就连着"秋报"的庙会了。

民风民俗

　　婚嫁是人生旅途中的一件大事，因此，永宁人特别重视，将其称之为"大喜事"而尽心操持。以这个大喜事为中心，前前后后的习俗活动十分丰富，礼仪也十分繁缛。对于诸多的规矩和说法，当事人来不得半点马虎和草率。

四时穿着

从穿戴看身份

昔日，永宁人的穿戴因身份不同而区别非常明显，从穿戴就可以判断出个人的身份。穿戴成了永宁人身份的象征。

明代和清初，军官和士兵常驻永宁城内。那些城头守卫和街道来往巡视的军人们及那些带有家将前呼后拥出入官衙、府邸的将军们级别分明的戎装，是永宁城内穿戴最引人注意的人群，也构成了永宁服饰显著的时代特征；其次才是文职官员，他们的品阶较低，出巡虽然也冠带整齐，但遇有参将、卫指挥则避而远之；最后是普通市民，他们多为庄稼人，穿着就很俭

▼ 民国时期男子礼服

朴了。

清代中叶，所有的官署衙门撤销后，居民构成发生了很大变化。永宁街巷经常出入的只有三种人，即买卖人、读书人和市民。因而，穿戴也发生了很大变化。

民国时期，人口流动较小，居住较为稳定。虽然永宁接纳了南来北往的多地区、多民族的人群，比如，山西流民、南方军人、各地贬谪官员，还有北方内附的游牧民族、清军入关圈地定居的满族人等等，有十几个民族，但流行的服饰是以汉族的为主。

偶尔来视察的官宦高车驷马，衣着华丽。

大商号掌柜的打扮为长袍、短褂、礼帽、千层板青面布鞋，春夏秋冬换季衣服应时按节，坐店和外出衣着有别。比如，庆余永的掌柜康恩之子康伯章，仅冬季的棉、皮袍就有9件，其中8件是皮袍。稍冷穿水獭领绸缎棉袍，内穿绸缎薄棉袄和棉裤。立冬后即穿皮衣，开始是灰鼠皮袍，以后天气逐渐变冷，依次换穿4件羊皮袍：肚剥羔、二毛羔、紫羔子、跑羔子；大冷，直至三九，依次再换4件狐皮袍：狐腿、狐脑门儿、狐浅、狐脊子。过年之后，天气变暖，再依次由狐皮换羊皮，再换灰鼠皮袍，最后换棉袍。所有皮袍的罩面都是猪毛织成的礼服呢的，贴里是黑九丝罗的。后来，永宁最大的布店——三成裕绸布店的老板薛凤池，跟着康伯章学，冬季也做了和康伯章一样的9件棉、皮袍。

春夏秋三季，是读书人显示青春美丽的时节，男生，多穿白对襟上衣、蓝裤子；女生，穿大襟、布扣、内窄外宽袖子的白上衣，蓝裙子。

小买卖人、市民和农民衣着相似，服装力求简单而不影响劳作，用料既经济又要耐用。

永宁大街上，每天来来往往行人不断，人们各自的身份不同，穿戴区别很大，只要留心一看，不用打问，他们各自的身份就可看出个八九不离十。

夏单冬棉春秋夹

夹衣

春秋两季穿夹衣，夹衣为双层，保暖性能较好。

农民上衣为夹袄，下衣为夹裤。为了早晚保暖，夹袄多做成大襟，缀布扣和扣眼。扣眼俗称"扣捵儿"。布扣，像野蒜头，因此也叫"蒜疙瘩"。较好家庭的男人，在夹袄内套上夹裹腰，即夹背心。夹裤较肥大，上端缝有裤腰，多为白布，裤腰系裤带。夹袄大襟里面缝有

▲ 她们都穿大襟夹袄

衣兜，夹裤也有在裤腰下缀兜的。

夹衣外层面料多为土布，颜色只有青、蓝、灰三种。前两种是染坊染制的，后一种，是用白布加锅底黑煤子，自己染制的。

内层布料要求较低，可以用旧衣改制或用小块布拼凑，颜色也不要求一致。

山区农民为了上山打柴时不刷坏裤子，不少人家用口袋布做裤子或衩裤。衩裤，形似两条裤腿，但比裤腿肥大，上端有布带，可以拴在裤带上，干活时分别套在裤子的两条裤腿外面。

单衣

农历五月以后，人们开始换夏装。夏装主要是单

衣，比春秋装简化一些，但使用的面料与春秋装没有多大区别。除家境稍好的大姑娘、小媳妇穿些花布做的单袄外，其他人的服装色彩没有什么变化。男人多穿对襟袄，女人仍为大襟袄，以白色为上品。

伏天以后，男人可以穿短裤和"汗隔拉"——类似背心的一种服装，肩部缝在一起，下面分成前后两片，腋下两肋处用两三根布带，或用扣子连成一体，透风而凉快。

棉衣和皮衣

永宁地区气温偏低，冬季寒冷而漫长，人们都穿棉袄和棉裤。为了增加御寒效果，男女老少的棉袄都是大襟；棉裤腰肥，系裤带时打折，出门时，有的男人还要在棉袄外系一条宽长的腰带，叫"搭背"。较富裕的人家，棉袄外面还有棉坎肩，棉裤外有棉套裤，也叫"棉衩裤"。为了防止裤脚进风，男人要系腿带，即用带子或布条把裤腿绑起来，因此也叫"绑腿"；女人用宽约1.5寸、长1.5尺左右的"绑腿带子"，将裤脚绑几圈。绑腿带子都是黑色的。旧时没有手套，天冷时，把双手分别插入左右袖筒里，或戴"套袖"——比袖筒粗的棉套，长1尺左右。

家境稍好的或兼搞运输的农户，一般都备有皮衣。男式皮袄多不吊布面，好的用绵羊皮，次的用山羊皮，因为穿时都要把不带毛的白色皮板朝外，所以也叫"白茬皮袄"。白茬皮袄一般长至膝下。此外，有的还有皮坎肩、皮裤、皮套裤等。皮套裤，也叫"皮衩裤"。

▼ 车把式身穿白茬大皮袄

旧时男人讲究的"长袍马褂"，是读书人、有钱人或买卖人外出的服装。春秋两季穿各色单长袍，外罩夹马褂。马褂为无袖、对襟、布扣。冬季穿棉长袍，外罩棉马褂或皮马褂。

妇女穿的皮衣较为高级，多系羊羔皮吊面，那是出门走亲戚时才穿的。

贫穷人家的四季服装，往往是一年一套，冬天穿棉衣，春天抽去棉花变成夹衣，夏季去掉里层变成单衣。破了缝缝，打个补丁是很正常的。永宁有"笑破不笑补"的说法。当然，他们更谈不上什么内衣或睡衣之类的东西了。

帽子和头巾

明代中叶以后，"冠礼"逐渐废弛，男子不论年龄大小都可以戴帽子。清末以后，男帽有草帽、夹帽、棉帽、毡帽、皮帽、礼帽等多种。

农民春秋两季大都不戴帽子，夏季多戴草帽遮阳，冬季多戴毡帽御寒。新买回的毡帽是内外两层，要将里层豁成两片，做"帽耳朵"。有条件的在帽耳朵上缀一片猫皮或兔、狗等皮。冷时把内层从帽壳内翻出来，放下，护住面颊、耳朵，热时折叠进帽壳。毡帽有青、古铜和白3种颜色。

外出购买东西可以将钞票放在毡帽里，折回帽耳朵压住，戴在头上，不容易丢失。夹帽、棉帽、皮帽等多为富裕人家或车把式戴的。棉帽和皮帽上有帽壳，有的前面还有帽檐，帽壳下缀有帽耳朵，帽耳朵下方缀有布带，平时将帽耳朵系在帽壳上，冷时放下来系在下颌上。礼

▼ 看看他们谁戴帽子和头巾

⊙北京地方志·古镇图志丛书

永宁

帽，延庆人称之为"春帽"，多是官员、买卖人出门戴的。明代以前男人也戴头巾，叫"襆头"，清代以后逐渐改成了帽子。头巾变成了中老年妇女春秋两季使用的饰品。头巾，俗称"搭头的"，过去用白色或彩色的棉布做成，大小和样子与毛巾相仿，后来就用毛巾代替了。冬季，老年妇女戴帽子或"暖箍"，姑娘和年轻媳妇平日只插头饰。

鞋脚袜子

鞋子

平民的鞋有夹鞋、棉鞋、毡鞋、套鞋等，除毡鞋请毡匠做或购买外，其余的均为家庭妇女手工制作。

农村的男鞋力求结实，无论什么样式，鞋底和鞋帮都要纳实，鞋底用细麻绳，鞋帮用粗线。男鞋的面料只有青、灰两种颜色。纳鞋帮的鞋叫"实纳帮鞋"。

最结实的是"侉鞋"。鞋底在前端翘起一个三角，代替鞋帮的头部，要一边纳，一边将其端头扳弯，做成的鞋子就叫"板尖侉鞋"，因为前端很硬，所以也有人叫它"踢死牛"。

▲ **男孩绣花侉鞋**

据说，侉鞋的缝制技术是山东移民带过来的。永宁人认为山东人说话"侉"，所以就将他们带来的鞋子叫"侉鞋"。

较富裕人家男孩子的侉鞋为了好看，鞋帮上还有绣花。

鞋子穿到半旧，要请鞋匠用皮子包脑儿和包后跟；鞋底前后各钉一块皮掌，叫"打鞋掌"。

青缎子面，不纳帮的千层板底鞋最上讲究。旧时，为官吏、读书人和买卖铺面掌柜出门穿的鞋子。

冬季穿的棉鞋,俗称"暖鞋",鞋底比夹鞋稍大稍厚,鞋帮稍高。鞋帮有鞋里和鞋面双层布,中间夹棉絮,棉絮和鞋里纳在一起。为了结实,有的将鞋头和后跟两部分也纳实。

较富裕的家庭或车把式有毡鞋,毡鞋比暖鞋大,也比暖鞋更保暖,分高低腰两种,高腰的是毡靴,也叫"毡克拉"。

女鞋一般不纳帮,鞋底有布底和木底两种,鞋帮多有绣花,很漂亮。

男子的鞋旧了,可以包脑儿,包后跟,女人的鞋却不能打补丁;男人的鞋子破得露了脚指头,也没人笑话;但女人的鞋子破了则不能穿了,不然,将被人说成是"破鞋"而遭到耻笑,并且打补丁也不行,正如民间歌谣所说:"从南京到北京,没见过小鞋子打补丁!"贫家妇女为了节俭和免受他人笑话,便将磨毛的鞋尖抹一层水胶或黄蜡粘光滑结实再穿。

雨天,女人要在鞋子外面再穿一双套鞋。套鞋的底子和鞋帮都用水胶或黄蜡打过,雨水渗不进去,类似今天的橡胶雨鞋。

20世纪50年代以前的鞋子不分左右,只要大小合适，随便拿起一只鞋子，穿在哪只脚上都可以。因为那时的鞋底都呈轴对称样式。50年代后期，出现了随脚的形状向内弯曲的鞋底，鞋子穿起来就分左右脚了，人们管这种鞋子叫"认脚鞋"，而管前一种鞋子叫"顺脚鞋"。

20世纪60年代后，妇女都到生产队挣工分，不但闲暇的时间不多，而且也很累，自己做鞋的人就少了，大都购买制鞋厂的产品，顺脚鞋也逐渐消失了。现在，除了小孩的猫头鞋，其他鞋子没人做了。

袜子

男女袜子一样，都是用白色棉布剪成两片缝制的，有棉袜、夹袜和单袜3种。男人比较随便，天气暖和之后，农民可以不穿袜子，或干脆赤脚，但女人必须鞋袜整齐。

缠足妇女先用缠脚布将脚缠好，再用绕脚带子勒紧，然后才能穿袜子和鞋子。

民国后期，有了棉线织成的袜子，叫"洋袜子"，多为白色。洋袜子没有棉布袜子结实，为了耐穿，新买回来的洋袜子要把底子用剪子豁开，缝上用棉布缝制的类似现在鞋垫儿的袜底。

△ 袜板儿

袜子破了要补，补袜子要用"袜板儿"，将袜子套在袜子板儿上，即可把袜子撑展，不但哪儿破了容易看到，而且补完了也没有皱褶。

会打扮打扮十七八，不会打扮打扮尿抓抓

女性的服饰人们历来重视。姑娘大了不打扮，会让邻里笑话；男孩子大了穿得差一点儿，人们往往不大注意。昔日，老永宁人说"会打扮打扮十七八，不会打扮打扮尿抓抓"。永宁人称小孩子为"尿抓抓"。尿抓

抓不懂事,满地爬滚,有的还流口水,不知道干净;十七八岁待嫁的大姑娘,若要不会打扮,小伙子看了不喜欢,媒人不爱提亲,即使有人提亲,男方派人一打听,说姑娘邋遢,怕是婚事也作不成。退一步说,就是婚事做成了,不爱干净的女人也会影响她在婆家的地位。因此,姑娘爱打扮,父母也舍得花钱给女儿打扮。不仅姑娘如此,年轻媳妇也一样。

女性服装除结婚的新装之外,分为日常服装和节日、外出服装两种。

日常服装比较简单、随意,而外出和节日服装就比较讲究了,自家没有或不齐备,即使到亲戚、邻居家借,也要穿戴整齐,尤其是春秋夏三季,妇女的服装最为突出。民国时期的年轻妇女,上身多穿紧身绣花小袄,下身穿彩色裤子,外面再套"䙅子"——类似现在的百褶裙。那时,"䙅子袄"是妇女很崇尚的套装。

年长一些的妇女,上衣多是青、蓝、紫等较深颜色的宽松式大袄,全是大襟,边幅刺绣各种图案。下身穿深色的"䙅子"。

姑娘大了要有首饰。出嫁的姑娘,娘家要陪送一套首饰。因为历史上永宁经济比较落后,有钱的人不多,首饰多为银质,少量为金质,包金首饰是很流行的。常见的首饰有:手镯、戒指、耳环——俗称"耳坠子"、头簪、头针、头钗等。清末和民国时期,永宁的福华楼银匠铺就专门制作和经营各种首饰。包金首饰要用极薄的金箔包在银质的首饰上,要专请京城来西白庙村给老王家看坟的"包金王"做,包金王手艺非常精湛,姓王,名字已失传了。据包金王说,寸金,即一块1立方寸的金子,可以椎成面积为一亩半大的金箔,用于首饰包金。

玉、翡翠、玛瑙等首饰农村不多见,多是富贵人家的女人佩戴的。

被褥拆洗

永宁城边原有4条河。农历五月，天气变暖，河水被阳光晒得温和起来。家家妇女坐在炕上，忙着拆洗棉衣和被褥。

衣服和被褥拆掉后，女人用小筐拎到河边去洗。洗干净的衣物都搭在河边的小树上或平铺在草地上晾晒，白的蓝的青的红的花的等各种色彩在微风中漂浮抖动，成了五月永宁城外的另一种风景。

洗衣物时有的带洗衣板。洗衣板一般宽4寸，长2尺，木质，前端有一半为刻槽，用于搓洗；河边如有表面平滑的大石块，也可用来替代洗衣板。洗涤剂多用碱、猪胰子和皂荚三种。猪胰子为猪胰脏加碱制成。将猪胰脏搀碱砸烂，团在一起成长圆形晾干即可使用了。皂荚是皂荚树的果实，长约三四寸，宽约1寸，厚两三分，状如扁豆，砸开使用。洗衣物时多带棒槌。棒槌为硬杂木质，长约1.5尺，前端是槌，长约1尺，直径约1.5寸，表面光洁；后端是把，长约半尺，中间细，端头直径约1寸。棒槌是当地旋匠用旋刀旋制的。

洗衣物先在搓板或石头上搓揉；后把衣物叠起来，用棒槌砸。洗净的衣物，晒干，再喷洒或淋少量的水，使之潮湿而发软，折叠数层铺在槌磨石上，再用棒槌砸展砸平，放在炕上晾干，即可收入板柜里储放了。

▼ 槌磨石和棒槌

捶衣物时，要将槌磨石放在炕上，人站在炕沿下。槌磨石的石料较好，一般用汉白玉或大青石雕刻打磨而成，整个形状为长方体，长

民风民俗

约2尺，宽约1.2尺，厚约1.2寸。表面光滑，中间逐渐突起。四角有高约1分多的腿。

被褥布面洗净晾干后，还有三道工序：一是浆。先要做浆，在大铁锅内放适量的粉面①用凉水冲开，点火煮熟，再掺入一些白粉子——白垩粉，浆即做成。待冷却后，将布面放到大锅内搓揉，使浆均匀地挂在布面上。这个过程叫"浆"。也可以把浆舀到大盆内，在大盆内浆。

二是拽，浆过的布面晾晒干后，再潲水使之潮湿。两个女人对面站立，分别拽住布面两端，一下一下有节奏地拉拽，直到拉拽到应有的长度。

三是捶，将拉展的布面捋展折叠，放到槌磨石上捶一遍。捶后再捋展折叠好，晾干后就可以使用了。

五月，村村都有捶衣声。那声音坚实而响亮，节奏前轻后重，很好听。它的节奏如下：

xx x | xx x | xx xx | xx x :‖ 。

浆过的被褥耐用耐脏，而且感觉爽利，第二年也容易洗干净。旧时，男人的布袜、女人的裹脚布都要浆过才用。

地方饮食

据有关史料记述，早在500年前，永宁地区饮食的主要品种就形成了。

永宁饮食分为家常饭、节日饮食、喜庆宴席和小吃等四大类，而这四类饮食均有各自的特点：家常饭

———————————

①粉面：一种特制的淀粉。

是粗粮细作；节日饮食规格较高；喜庆宴席讲究排场；小吃以面食为主，品种很多。

老作坊——永宁人做豆腐

延庆的豆腐遍及各个乡镇，会做豆腐的手艺人多得数不清；如今，外地人也有来延庆做豆腐卖的。但不管你是哪路手艺人，也不管你的豆腐用什么高招做的，论起成色和质量，比起永宁豆腐，没有不逊色的。

永宁豆腐不仅看着细嫩白净块儿大，更重要的是怎么烹制都好吃。炸，它起发，只要把切成片状的豆腐块儿往热油锅里一放，说话间，它就像气吹的一样，呼呼往大胀，鼓成一个小圆包儿。放进嘴里一嚼，肉乎乎的，口感特别好。炒，它鲜嫩，用筷子夹起来颤巍巍的，放在嘴里嚼嚼，嗬，有口筋！火锅炖，它不散不碎，越咕嘟越入味儿。和大白菜、粉条放在一锅熬，那就成了家常菜，素哒哒顺口而不腻。假如和红烧肉或是和清炖肉放在一起，就和前道家常菜截然不同了，那香味儿十分浓郁而诱人。如今永宁地区开发的豆腐宴，菜肴的品种就更多了。

永宁的豆腐味道好质量高全凭四条：水好、料好、做工细、技艺高。

永宁附近的水不但清亮无任何污染，而且含有特殊的微量元素，最适合做豆腐。就是永宁上好的手艺人到了其他地方，也做不出永宁豆腐的成色。永宁的豆腐就是永宁的专利。据当地老人回忆，永宁原来使用的水井，做豆腐最好的有两口，一口在三义庙胡同，另一口在原城隍庙前。用这两口井的水做豆腐不但成色好，而且成品量也大。

永宁的豆腐讲究选料。上好的豆腐都用上好的黄豆，并且要去除杂质及生豆和发霉的豆子。每锅用的黄

△ 传统豆腐加工图

豆数量是称过的，手艺人绝不会减料。

永宁的豆腐做工是很细致的。所有的工序不但不能减，而且每道工序都不马虎。

永宁的豆腐成了名牌，做的人自然就渐渐多起来。据不完全统计，仅永宁城内就有 30 余家，那可是名副其实的豆腐之乡了。

万福阁——永宁豆腐宴

谁都知道豆腐营养丰富，而且具有清热、润燥、生津、补中、解毒、降浊等功效。

到永宁自然就会想到永宁豆腐；想到永宁豆腐，自然就想尝尝永宁豆腐宴，脚步自然就会迈进万福阁。

万福阁坐落在永宁北街路西，是一座古香古色的两层小楼。小楼透着一种优雅和高贵。小楼后的小院点缀着小花细草，恬淡而幽静。随风飘来永宁豆腐特有的淡淡的香味儿，那香味儿细悠悠进入肺腑，十分诱人。

万福阁选用永宁老作坊的精制豆腐，依据其特有的品质，开拓传统工艺，研究新的烹饪技艺，精心调配辅料配方，用煎炒烹调炖蒸烤等多种方法，创造出永宁系列豆腐菜肴，摆开了豆腐宴席。

老永宁人说，豆腐的"腐"字和"福"字谐音，吃

△ 白玉松花

△ 雪白如玉的豆腐

豆腐可以添福气；"宴席"和"延喜"谐音，开宴席，可以延长喜气。就冲这个说法，要吃豆腐宴席的人自然就多，万福阁的豆腐宴席也就出了名。

万福阁的豆腐宴有各具特点的菜肴150多道，看色彩，有的艳丽、有的浓重、有的淡雅，一道道摆出来，五颜六色对比鲜明，教人赏心悦目；论口感，有的爽脆、有的柔和、有的清滑、有的筋道；品香味，有的浓郁、有的清淡、有的悠长……

▲ 色香味俱全的豆腐宴

150道菜肴道道不同，爱吃青菜的，有豆皮鲜菜、豆腐洋葱、豆腐炖大菜；爱吃素的，有宫保豆腐丁、鱼香豆腐丝、干炸豆腐丸子；爱吃清淡的，有将鲜的冻的炸的三种豆腐烩入一锅的一品锅、有三鲜豆腐、有兰花豆腐；爱吃荤素搭配的，有万福豆腐、豆腐匣子；爱吃味道浓郁的，有白雪五花肉、豆腐千层肉，肥而不腻、唇舌留香而回味绵长；爱吃鱼的，有咸甜辣相佐的豆花鱼；爱吃满汉全席的豆腐菜肴，有荤拌豆腐、酿豆腐……

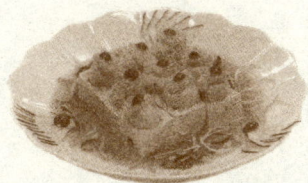
▲ 红装素裹

豆腐宴的主食有鲜豆腐水饺、大锅豆腐馅贴饼子、葱香豆渣饼、豆腐鲜菜盒子等多种。

源裕盛的大八件

源裕盛是永宁城内有名的点心铺。铺子雇的红炉匠都是手艺精良的有名匠人，而且绝不偷工减料，工艺绝不马虎，因此质量绝对可靠。

源裕盛最上讲究的大八件，4块硬皮，4块飞皮，每个2两，加起来正好是旧时使用的16两秤的1斤，包成一包，谓之"大八件"。

4块硬皮包括红饼、福饼、禄饼、双喜饼，都为红色，后3种饼正面分别有凸起的"福"字、"禄"字和"囍"字；4块飞皮包括白饼、玫瑰饼、芝麻饼、寿饼，都为白色。芝麻饼外面裹芝麻，寿饼上印有红色寿星老像。

顾客到源裕盛买八大件，伙计就会用正方形的粗黄纸打包。他把4块硬皮点心放在下面，再把4块飞皮点心放在4块硬皮点心上面，然后打成上小下大的四棱见线的一包，其上再放一张方形的红帖子，最后用纸绳捆好，交到顾客手中。

源裕盛的八大件，买回去放1年，打开包再吃也不变质，不但入口照样肉乎，而且绝没有油脂子味儿。

名厨马金子与满汉全席

马金子，永宁人，生于清末，卒于民国后期。马金子成年后，一直在永宁望族胡家当厨师，后随出仕做官的胡镛进了京城。在京城，他拜了宫廷退休的老御厨为师，学会了做满汉全席，成了有名的厨师。胡镛放外官后，就把他带到任上；胡镛从南方退休回老家永宁，他也跟着回了永宁。胡镛去世后，他离开胡家，和老伴儿住在永宁城西的孔化营，专做喜庆宴席。

20世纪三四十年代，永宁商务会会长王子良和永宁粮捐局局长吴振坤商定，两个机关的官员、职员出份子，请马金子做满汉全席。钱收上来了，吴振坤亲自上门请马金子。那时个子不高的马金子已经成了有点儿罗锅的干巴瘦小老头了，一听说要他做满汉全席，精神头就来了。但他告诉吴振坤："满汉全席有368道菜，天上飞的、林中跑的、地上长的、水里游的都要有，你说的钱数只够做一半，而且还到不了宫廷的份儿；再说做出来了，十几个人也吃不完，糟践了，不怪可惜的！"吴振坤说："一半就一半。你只管做，吃不完，让大伙儿带回家。"

马金子叫来在缙山书院做饭的徒弟程殿德帮忙。程殿德按照师傅的要求，又让商务会、粮捐局各派出一个职员和自己四处购买4类原料，天上飞的有野鸡、鸽子、鸡、鸭等，林中跑的有熊掌、鹿肉、穿山甲、狍子、蛇等，地上长的有各种鲜菜，水里游的有鱿鱼、海参、江珧柱等。

这半份满汉全席，马金子和程殿德师徒二人整整忙了3天，才做好了准备；之后，两个人又做了3天。马金子师徒一边做，两个机关的官员和职员一边吃；二人做了3天，十三四个人吃了3天，那些菜最终也没吃完；最后，王子良和吴振坤只得让大家把剩下的菜带回家，给家里人解馋去了。

那些菜让大家开了眼，色香味自不必说，大多数菜吃饭的人压根就没见过。上来一道菜，马金子让程殿德报一个菜名，多数名字也没听说过。人们只记住了一些普通菜的名字，比如，青酱肉、五香小肚、熏野鸡丝、狮子头、烩珧柱、烧海参、熘鸡脯、抓炒肉、砂锅什锦、荤拌豆腐等，其余的因为头回吃，日子长了全忘了。至于做法，马金子连他徒弟程殿德都不教，外人就更不得而知了。如今荤拌豆腐传给了万福阁，成了豆腐宴的一道特色菜。

席师傅操持的喜庆宴席

席师傅是永宁地区料理喜庆宴席的高手。因为对刀口、色泽、火候等掌握得恰到好处，技术全面，经常被人请去料理结婚、丧事、满月、寿诞、暖房等喜庆宴席。他操持的宴席有八八席和八六席两种。

看看他留下的八八席的菜谱，就知道永宁喜庆宴席的讲究和排场到了什么地步。

茶食：9碟，每碟二饽饽5个，计2斤2两5钱。

凉碟：也叫压桌，12碟，其中有三干：核桃仁、花生米、瓜条；三鲜：橘子、葡萄、大枣；三荤：卤肝、灌肠、熏肉。

小碗：8碗，饹炸夹、包肉、喇嘛肉、酥肉、烧干贝、烩珧柱、烧海参丁、烩鱿鱼丝。

大碗：8碗，红烧肉、白肘子、红烧鲤鱼、清炖鸡、鱼肚汤、海参汤、海米汤、肉丸子汤。

八八席的名称是从宴席中8个小碗和8个大碗来的，八六席上6个小碗，其他菜肴是一样的。两种席的大碗最后一个都上丸子汤，借"完"的谐音，表示菜肴已经上齐了。

这么多菜肴是一桌的，新亲——新娘的娘家客人4人一桌；旧亲——新郎家的客人和乡亲5人一桌，可见排场之大。不仅如此，永宁的宴席还讲究用名厨，所以席师傅承揽的活多，喜钱也比别人要多一倍。

从清末到20世纪60年代，永宁的宴席基本沿袭了席师傅的模式，只是菜肴的样式和名称有些变化。

主食厨师不管，由办事的主东家负责料理。延庆附近一般是米饭，康庄地区要上炸糕，永宁地区要上馒头。酒，一般为黄酒和烧酒两种。

现在，宴席多在饭店摆设，10人一桌，菜肴根据饭店的标准上，也多是大盘、盆、锅等容器了。但人们依然怀念旧宴席的传统味道，八八席和八六席成了保留菜肴规格，见于民俗旅游接待和特色经营。

农家院——永宁家常饭菜

花样翻新的家常饭

老永宁人说，一处饭菜一个做法，一家饭菜一个味儿。永宁的饭菜是永宁的做法。走进农家院尝尝农家饭，自然就品出那独具地方特色风味了。不过，今天要吃昔日的农家饭，必须提前打招呼，说出要吃的品种，或者去上磨村的民俗户点饭点菜。不然，主人就会用白面、大米做饭了。

昔日，永宁地区和延庆一样"地僻物杳"，"所产不过利用之常"[①]。《隆庆志》和《延庆州乡土志》记载，主粮产量较大的不过谷、黍、高粱、荞麦、玉米等，蔬菜兼主粮的就是山药了。

家常饭是人们的日常饮食。日常饮食要用上面所述的物产加工制作，又要吃好吃饱，就必须粗粮细做，花样翻新。比如说谷类中的小米，可以做成干饭米汤、炒米水饭、粥、细粥等，磨面或与其他杂粮以及蔬菜配合，可以做成蒸糕、煎饼、山药焖饭、白薯粥、菜饭等。黍类的馍馍、炸糕和艾糕最有代表性，其他还有油糕、油旋等。荞麦磨面可以做成饺子、烙饼、面条等，荞麦糁还可以做成凉粉，口感滑腻而筋道。玉米，旧时称"玉蜀黍"，现在叫"棒子"。将棒子轧成糁，可以做棒糁粥；磨成面，花样就多了，可以做贴饼子、窝头、卷子、条子、火镰片、饸饹、汆汆、馈馏等。青玉米可以煮，还可以碾碎蒸黄，吃起来很甜嫩。高粱有粘笨之分，粘的做法类似黍类，笨的做法类似玉米。土豆，永宁人称之为"山药"。山药既是蔬菜又是主粮，如掺上面粉，过去多为豆面、棒子面，现在多为白面，可以做成山药沓子、山药丸子、山药挠子和山药贴饼子等多种食品。其

---

①明嘉靖《隆庆志》卷之三。

中山药沓子最受欢迎。诸多的家常饭中，最常吃的是干饭汤，最有特色是炒米水饭、菜饭、馍馍、艾糕、贴饼子、馈馏、山药沓子等。

干饭汤

干饭汤要干饭泡汤吃，用大柴锅做成。锅内水开时，将淘净的小米下锅，急火煮熟，用笊篱捞出搭到瓦盆内晾汤，叫"捞干饭"，之后用铲子将饭抿成馒头状，干饭即做好；小米煮开花时，捞出一些，放入豆面碗内，用筷子拌匀，使豆面裹在小米上而形成均匀的小疙瘩。待小米全捞出，将疙瘩放入锅内，加盐、香菜、大萝卜丝，烧开，汤就做好了。干饭汤味道很特殊，过去是最受延庆人喜爱的饭了。有一段"乐亭"大鼓，单唱了干饭汤：

这干饭，捞一盆儿，
金灿灿，是小米儿。
盛一铲，颤巍巍儿；
吃一口，香喷喷儿；
泡上汤，更来神儿：
金米饭落了一层小疙瘩儿，
个个都像珍珠粒儿。
您走过九州十八县，
哪州哪县有这样的好吃食儿？①

如果不做汤而只捞饭，叫"干饭米汤"。吃时，泡米汤。

如提前煮小豆或豇豆，再加入小米，一并捞出，就是"豆干饭"了。

炒米水饭

将小米炒开花之后，加水煮熟即可。水和炒米比例要和熬稀粥差不多。炒米水饭呈浅褐色，入口爽利，有糊香味儿，是夏季消暑解渴的最好饮食，如放凉食用味道更好。炒米水饭很特殊，放到略带酸味儿也不变质，喝了不但味道特别，而且绝不会肠胃不适或食物中毒。

大锅贴饼子

贴饼子因为要用大柴锅做，所以也叫"大锅贴饼子"。将棒子面用温水和好发酵后，放适量的碱，拍成椭圆形薄饼，贴在大锅帮上。之前，要在锅底少添一些水，并将水烧开，锅帮烧烫，饼子往上贴时，不至于溜下锅底。

▲ 金黄的大锅贴饼子

然后，盖锅加火，听到锅内发出"唑啦唑啦"的声响，说明锅内的水已经快烧干了，此时揭锅火候正好。刚出锅的贴饼子，顶部呈有光泽的金黄色，入口暄腾且甜；底部焦黄而不糊，入口香而脆。若其中少加些黄豆面，味道更美。

如果在饼子内装上馅儿，就成了大锅贴馅饼子，那可是别有一番味道的。当然，野菜馅儿更好，苣菜、人参菜是上品。

▲ 馅饼子

鏊子摊黄

鏊子是一种专用炊具，生铁铸造而成，类似小饼铛，有配套的铁盖。

将发酵后的棒子面加碱加水搅和成稀面；为了不粘鏊子底儿，先将鏊子烧热，放入少许素油；用勺子舀一勺稀面，放到鏊子上摊开，盖上盖儿，微火烙。听到"哧啦啦"的响声，即可揭开上盖，鏊子摊黄就做好了。

爱吃甜的和面时加点儿白糖；爱吃带馅的，将煮好

---

① 《京郊的旋律》，第115页。

整子摊黄

的豆馅放在摊黄上；然后将一半摊黄用铲子折起来，扣在另一半上；再稍稍加热就可以了。

刚出整子的摊黄，色泽金黄，香甜细软，趁热乎吃，那是非常可口的。

餄餎

用高粱、荞麦、棒子、小麦等面粉都可以轧餄餎，但过去永宁人舍不得用白面轧餄餎。餄餎有两种，一种叫"蒸餄餎"；另一种叫"水轧餄餎"，都要使用餄餎床子，而水轧餄餎更可口。做餄餎的面要和得稍硬，做成剂子，放入餄餎床中间的孔内轧出，平铺在箅子上，蒸熟的叫蒸餄餎；如将餄餎床子放到烧开水的锅沿上，将餄餎压到锅内煮熟的就叫"水轧餄餎"了。吃轧餄餎都要有卤汤。做水压餄餎，为了餄餎不被开水煮化了，和面时要加适量的"榆皮面"，即将榆树皮扒掉，再去掉老皮留嫩皮，晒干后剁碎，用碾子轧成面，就可以使用了。

餄餎床子

馈馏

永宁地区的家常饭不下几十种，但做起来省时省料、方便快捷，吃起来别是一番滋味儿，而且耐饿的就是馈馏了。

永宁人管做馈馏叫"打馈馏"。打馈馏需先备料，选上好的土豆，洗净，去皮，切成薄片，备一定数量的玉米面、少量的白面和素油、葱花，料备齐后就可以打了。打馈馏有五个环节：第一，往大柴锅内加适量的水，先将切好的土豆片放入水中加热；第二，待土豆片煮得将要熟透时，把玉米面和白面撒在水面上，厚度尽量一致；第三，再加热将面蒸至八成熟，用筷子迅速将面和土豆片搅和均匀，成元宵大小的块状，半生的馈馏就打成了；第四，把半生的馈馏铲到锅帮上，使锅底空出，加少量的水，水尽量不淹馈馏块；第五，继续加热，待锅内水干后，馈馏就全熟了。之后，用素油炝葱花将馈馏炒一遍，全部工序就完成了。刚出锅的馈馏配稀粥和辣咸菜丝儿，那可是稀稠相济而又香滋辣味的。

打馈馏最关键的技术是注意水和面的比例，掌握好了，馈馏块儿既抱团，又软乎、暄腾。水少了，馈馏块儿不但不抱团，而且硬实，口感不好；水多了，馈馏块儿散不开，吃着没口劲。水和面的比例一般是水占四成，面占六成。

馈馏创于何年？是何人的发明？

据说它的历史很长，做法最先起于军队，并且受过皇封。

明王朝迁都北京后，为剪除北方鞑靼族的威胁，成祖朱棣曾三次率兵亲征，选择的路线都是走关沟出八达岭，穿过永宁、团山、黑峪口向西北方向进军的。馈馏是第一次北征时军人发明的。明成祖第一次北征，是永乐八年（1410年）二月十三日到达永宁的。成祖见天上有五色彩云，认为是吉兆而信心大增，后穿过大漠至黑龙江的上源鄂嫩江，获得决定性胜利。回师途中，又击败鞑靼的知院阿鲁台。阿鲁台带残兵逃走后，时间已经过了中午。成祖命令部队原地休息吃饭，准备撤军。可伙头军刚把饭做成半熟，探马忽然来报："阿鲁台的别部骑兵数万，由魁律率领突袭而来，离此只有80多里，半个多时辰就可以赶到。"明成祖听了心里起急，刚刚打过一次硬仗，将士们还都饿着肚子，要等饭熟了再吃，敌人也来了，可不吃饭又累又饿，仗又没法打，怎么办呢？明成祖急中生智，命军士们将半生的饭菜倒在一个锅里搅和一下赶紧吃。为了带头，明成祖命众将和随军的大臣们先吃，自己也盛了一碗，没想到这稀里糊涂做的饭不但很好吃，而且还是一种前所未有的新口味。将军和大臣们当时请皇帝给饭起个名字，明成祖说，赶快叫军士们吃饭，吃了饭，好打魁律！将军们马上传令：快吃，好打魁律啊！于是，"打魁律"这三个字就在全军传开了。魁律来了，将士们真就一阵好打，三下五除二就把敌人全部消灭了，打完了仗肚子还不饿。后来，明成祖觉得"魁律"这两个字作为一种饭的名字不合适，就改成了"馈馏"。他带兵回京时，这种饭就传到了地方，成了永宁地区的家常饭。至今，永宁人仍沿袭过去的说法，不说"做馈馏"而说"打馈馏"。

山药沓子

永宁人既把山药作为蔬菜当副食，又把它作为主食顶粮食。作为蔬菜，山药可以熬、炒、炖，可以烧、烤、熘、炸，可以拔丝，可以凉拌，也可以与其他蔬菜或猪肉、牛肉相配搭做成多种菜肴。作为主食，数山药沓子最好吃。它不但进入了民俗旅游经营，而且也进入了饭店，成了名牌食品。

山药沓子的做法虽不复杂，但讲究手艺。

一是注意选料。要选那些没被虫咬伤的，没被日光晒绿的山药。个大的更好。选好后洗干净，去皮。

二是要使用抿床。将抿床放在盆内，将山药一个个擦成细末，不可用礤床。抿床比礤床稍大，圆孔，圆孔周围布满凸起的小齿；而礤床是长孔，孔的一边突起一个弧形齿，擦出来的是长丝儿，那是贴山药饼子、蒸山药丸子和山药挠子用的。如果用它烙山药沓子，味道就差了。

三是注意掺面和加水的比例。一般掺豆面或白面，比例要适当，用筷子搅匀，稍有黏劲就可以了。搅拌的同时要加少量的水。面多了到嘴里发黏发腻；面少了缺少口劲。

四是注意火候。先用微火将锅或饼铛烧热，放上少许素油，待油热后，用铲子将油拨散开；然后，将掺好面的山药末放到锅里或饼铛上，用铲子摊成圆形薄饼。山药末不要一下放得过多，以一饭勺为宜。盖上锅盖儿，继续用温火加热，待底面烙得发黄而不粘锅底后，将其翻过来，再加温。到山药沓子两边都烙成同样的成色时，再洒入少许素油，旺火加热，反复翻转沓子，待沓子两边都冒出了小油泡儿，出锅就行了。

刚烙好的山药沓子，色泽微黄新鲜，香味很浓。蘸蒜泥加醋汤，那可是非常上口的。

馍馍

馍馍是永宁地区又一种风味独特的食品。因为它上口之后，给人以黏而筋道的感觉，所以又称"黏馍馍"。提起馍馍，在永宁地区那可是家喻户晓、妇幼皆知，老年人对它的感情更深。昔日，进入旧历十月到腊月初八之前，几乎家家不落都要蒸几锅馍馍。

蒸馍馍要先淘米，以去掉米糠、污质，使之润泽。所以，人们又把蒸馍馍叫做"淘米"。

刚出锅的馍馍最好吃，那可是——

出锅的馍馍冒热气儿，

又黄又黏粘碗底儿，

筷子一夹就夹开了皮儿。

老红的豆馅像枣泥儿，

放进嘴里甜滋滋儿，

筋筋道道挺有劲儿①。

　　永宁人厚道，馍馍出锅了，都要让孩子们用双排子端上，送给左邻右舍，说："您尝尝我家的馍馍。"

　　旧时，人们一次要蒸好多馍馍，多的十锅八锅，少的五六锅。吃不完的，都放在空闲房子的大缸内冷冻。大缸叫"馍馍缸"，吃时，从馍馍缸取出馍馍在锅内熥软即可。

　　熥软的馍馍，可以蘸糖，更甜；可以用油煎，更香；也可以蘸"艾糕面"——红糖拌的炒熟磨成细面的黄豆面粉，类似艾糕。

　　腊八，要往馍馍缸放些冰块。开春，馍馍和冰融化了，馍馍变酥，叫"酥馍馍"，拿出来就可以吃，甜中略带酸味，非常可口。而缸底的"酥馍馍汤"，甜中略带酒味儿，很像米酒。

简单的家常菜肴
　　东川的家常菜肴有热菜、凉菜和山野菜等三类。种类不很多，做法也比较简单，但都讲究用盆子和大碗盛，量很大。

热菜
　　平常人家以大锅炖菜为主。永宁的炖菜俗称"熬菜"。秋、冬两季和早春的平日，熬白菜、萝卜、酸菜、山药、粉条、冻豆腐等，只有节日或来客人时才可能加些猪肉，或者炒一两样菜。蔬菜下来之后，有熬西葫芦、扁豆、茄子等新鲜菜肴。其中，许多品种可以相互搭配，形成不同口味。如白菜熬豆腐、酸菜熬粉条和冻豆腐、山药熬豆角等等，这三种菜肴很有代表性，已经被饭店

① 《京郊的旋律》，第115页。

作为特色菜推出。

凉菜

传统的凉菜春季以后才有，冬季只有调豆芽儿，豆芽儿既可以炒，又可以凉拌，但冬季一般人爱吃热菜。春季以后较有代表性的有小葱拌豆腐、蒜拌茄泥、调豆角、调水萝卜、凉拌黄瓜等。西红柿被引进之后，又有了凉拌西红柿。

蒜拌茄泥和调豆角，在青棒子下来之后，人们经常食用。大锅下面煮青棒子，上面放算子蒸茄片和豆角。棒子煮熟了，茄子和豆角也蒸烂了，分别用蒜泥加盐和醋调匀就成了，如把豆角和茄子放在一起调，就成了另外一道菜。

调水萝卜一般要放一些大咸菜丝。

凉菜中的大多数品种，现在也都成了饭店经营的品种。

五味俱全的农家泡菜

"百瓮黄齑分亦悭，此徒不茁岂非天"①。这是明代负责开发延庆、永宁地区的赵羾的诗句。黄齑，就是切碎的姜、蒜、韭等做的腌菜。赵羾的诗透露了两个值得注意的情况，一是当时延庆和永宁地区物产不丰富，人们必须做泡菜以佐饭；二是它告诉了我们永宁泡菜产生的时间。赵羾是永乐十二年（1414年）到任的，说明当时延庆和永宁地区已经有了泡菜。永宁的泡菜经过近600年的演化和改进，品种和口味日渐丰富，不仅可以佐食，而且也用来调解口味。永宁泡菜主要有腌咸菜、酸菜和芥末菜三大类，十几个品种，是秋后青菜无法生长的冬季和次年早春的主要佐饭食品,有的腌菜是常年食用

①明嘉靖《隆庆志》卷之十。

的。十几种泡菜的做法和味道各不相同。如果把所有的泡菜逐一摆出来，那可是色彩缤纷、五味俱全的。

腌菜

咸菜有大咸菜、碎咸菜和腌芫荽等。大咸菜是常年食用的咸菜。旧时，永宁人的大咸菜缸是不能吃光的，否则因"露了底"而预示家境衰败。所以，永宁人每年入秋拔萝卜和芥菜时，都要"添咸菜缸"，即将新菜添加到大咸菜缸内，并且要将缸添满。腌制时要选好的大萝卜、芥菜疙瘩等，去根去疤，清水洗净，放入缸内，同时加盐加水。如果放入适量花椒，可增加香味。芥菜疙瘩是咸菜中的上品，味道咸中带有香味儿。

碎咸菜，是将芥菜的梗、叶切碎，拌盐腌制的。颜色墨绿，较咸，带有芥菜的香味儿。

酸咸菜，用料比较多，芥菜、萝卜和白菜等的叶子，洗净切成1寸左右的条块，萝卜和胡萝卜切成3寸左右的条，葵菜姜切块，加辣椒，掺匀，再加盐加水，上面压一块光洁石头，发酵后即可食用。碎咸菜色泽艳丽，酸、咸、辣味相配搭，鲜脆而爽口。

腌芫荽要先将芫荽洗净，切成半寸左右的小段，并配以胡萝卜丝、去皮的苦杏仁、煮熟的黄豆一起放入小瓷坛内腌制。腌制时少加水，多加盐，以保持蔬菜的色泽。腌芫荽红黄绿白四色配搭，色泽对比鲜亮，保持芫荽原有的品质，有苦杏仁的微苦和胡萝卜、黄豆微甜的味道相佐，芫荽咸中带香的味道很耐人咂摸。

诸多的腌菜中都以咸和酸为主，唯有腌蒜味道与众不同，它的味道是轻微的蒜辣味中带有酸甜。去掉蒜的老皮，留下嫩皮，洗净装入透明的玻璃容器中，加醋和加少许糖、盐，封严，放在能晒到阳光的窗台上，待蒜的嫩皮变成嫩白微黄就成了。若旧历腊月初八腌蒜，则要把所有的蒜皮剥净，并掰开蒜瓣，放在温热的地方，到蒜瓣变绿时食用，因此也称之为"变蒜"。变蒜是吃饺子最好的小菜。

酸菜

酸菜有酸白菜、酸黄菜、戳菜等。酸白菜一般选次等白菜，扒掉老帮，去根洗净，在热水锅里烫一下，码在饭桌上，用案板加石块压挤出多余的水分，然后放在缸内，上面再压上石块，加水和少量的盐，发酵后，加粉丝炒或与土豆、粉条、冻豆腐炖吃。上好的酸白菜口感脆而微酸。

酸黄菜用萝卜或胡萝卜的叶做成。切成1寸左右的小段，开水烫一下，放少量盐，装入缸内发酵。酸黄菜可以做菜，也可以做馅。

戳菜是用芥菜梗做成的，将芥菜的叶片去掉，留梗，然后用开水戳一下，即放入开水中很快拿出来，加水和少量盐，放置缸内，发酵后即可食用。

芥末菜

芥末菜因主要调料是芥末而得名。有芥末白菜、芥末茄子和辣疙瘩等。前两种的做法和味道近似。白菜和土豆也切成小片，煮熟凉凉，用发酵后的芥末拌匀，加少量盐，放入瓷坛内密封，三五天后即可食用。芥末茄子是用拉秧的小茄包子做成的。芥末菜犹如芥末拌菜，但余味更醇厚。

辣疙瘩的味道偏酸辣。将芥菜疙瘩切成滚刀块，煮烂，捞出凉凉，拌上大萝卜丝，加适量的盐，放入瓷坛中，上面压上石块，再将煮芥菜疙瘩的汤倒入坛中，撒上花椒油，封严，发酵一周左右即可食用了。辣疙瘩虽没有加芥末，但味道却近似加入芥末一样辛辣，只是口味又与芥末菜有区别。

酱菜

酱菜用酱油腌制。许多蔬菜均可以做成酱菜，但酱茄子、酱辣椒、八宝菜最有代表性。将茄子切成连刀片，蒸熟凉凉，在茄片间抹上蒜泥与辣椒末装坛，倒入酱油腌制。

酱辣椒比较简单，只要把整个辣椒洗干净，放入坛中，加酱油即可，但腌制前须用锥子扎一两个小孔，为的是使内外腌制的效果一致。

做八宝菜的工序较复杂，选料要用够8种，一般为黄瓜、扁豆、苤蓝、萝卜、胡萝卜、芥菜疙瘩，再加花生仁、黄豆。先要将前6种蔬菜放到大咸菜缸内腌透；捞出，浸泡数日去咸味；然后装入袋中，上面盖上案板，案板上压几块较大的石头，挤压数日，直到把其中多余的水分全部挤出，使之发软发蔫；最后逐一切制成各种形状的小片，如圆形、五角形、小方片、五花瓣等，并将泡开煮熟的黄豆、花生仁加入，用酱油腌制。腌制时加少量白糖。八宝菜色彩配搭好看，各种蔬菜味道也不一样，适合不同口味的人食用，是酱菜中最受人们喜爱的。

特殊口味的山野菜

永宁既有山地，又有平原，山野菜品种很多，而且春夏两季采集也很容易。山野菜不仅具有特殊口味，而且含有特殊营养成分，有很多品种还有保健作用，因此越来越受人们青睐。

如苣菜、蒲公英、灰灰菜、人参菜、水芹菜、山葱、山蒜、香椿、木兰芽、杨树叶、柳芽儿等都可以入菜。诸多的山野菜中苣菜最常见，也最受人们喜爱。

苣菜、蒲公英、灰灰菜、人参菜、水芹菜等凉拌后食用。将上述野菜用开水煮熟，清水洗净，切成小段，加蒜泥、盐、酱油、醋拌均后即可食用。前两种也可以洗干净后，直接蘸黄酱或甜面酱食用。

山葱、山蒜只要洗净，加大咸菜丝凉拌就可以了。

香椿煮熟后，加盐凉拌，若放一些煮熟的黄豆更好，也可以直接用开水冲熟，做成香椿汤，是面条很好的调料。

木兰芽、杨树叶、柳芽等煮熟后用清水泡数日，发酵后凉拌食用。

有的还可以做成饺子、包子、馅饼的馅子，如苣菜、蒲公英、灰灰菜、人参菜、水芹菜、山葱、山蒜、香椿、木兰芽等。

苣菜、蒲公英、杨树叶、柳芽儿，都有祛火保肝功效；山葱、山蒜有消毒杀菌、预防感冒和癌症的作用，等等。

由于山野菜的特殊口味和作用，现在大都成了饭店经营的特色菜肴。

节日饮食——应时而生

庄稼人说："啥节啥味儿。"永宁的传统节日很多，诸多的节日都有应时的饮食，使每个节日都有与众不同的饮食特点和味道。节日饮食比家常饭的规格要高，质量要好。节日饮食平时是吃不到的，过去，人们盼望节日到来，其中一个原因就是可以在节日中改善一下伙食。在众多的传统节日中，春节是最为重大和有代表性的节日，这一天，人们要吃饺子，家境较好的还备有酒、肉，炒几个菜。正月初五叫"破五"，饮食类似春节。其他几个节日的饮食与北方其他地区相同，如元宵节吃元宵，端午节吃粽子，中秋节吃月饼，腊八吃腊八粥，交年（小年）吃粘板糖，除夕吃隔年饭等等。值得一提的是二月二龙抬头，人们要吃水压饸饹，谓之吃"龙须"；吃炸糕，谓之吃"龙蛋"。六月六见谷秀，要吃包子，谓之"庄稼籽粒饱满"，寄寓人们丰收的愿望。

传统节令主要饮食一览表

节令名称	时　间	节令饮食
元旦	正月初一	饺子、椒柏酒
破五	正月初五	饺子
元宵	正月十五	元宵
龙抬头	二月初二	饸饹、炸糕
端阳	五月初五	粽子、蒲酒、雄黄酒
重阳	九月初九	菊酒
中秋	八月十五日	月饼、水果
腊八	腊月初八	腊八粥
祭灶	腊月二十三日	麦黍糖饼（粘板糖）
除夕	腊月二十九日或三十日	隔年饭

风味小吃

昔日，不论走南闯北到了永宁的，还是进京串卫路过永宁的，以及在店房歇脚住下谈生意的，没有不遛大街，品尝永宁风味小吃的。

永宁的小吃不仅品种很多，而且各是各的彩色，各是各的风味，每一种都有永宁地区特色，吃了这种想吃那种。永宁的传统小吃不下几十种，有代表性的就有十几种，三天五天尝不完。像火勺、油炸鬼、油箅子、麻花、烧饼、煎饼、炸糕、饸饹、烂花蚕豆、凉粉儿、酸梅汤等，口味都很好。

清末，永宁城小吃名家有十几个，各家有各家的绝招，各家叫卖各家的名号，谁也不碍谁。如李小眼儿的烂花蚕豆——又香又烂乎，张切糕的切糕——又甜又黏糊，郭延六的油炸鬼——又香又肉乎，张苏的糖火勺——又酥又甜又香又软乎……

其中，最讲究的莫过于火勺、饸饹、油炸鬼、绿豆凉粉儿。火勺中最有名的是"周老五的火勺"。周老五的火勺和市区的类似烧饼的火烧不同，它的形状像一个圆圆的勺头，因此，人们称它"火勺"。不但做法和普通火烧不一样，而且口味也大不相同。另外，周老五的火勺也不叫"做"而叫"打"。

饹馇

将绿豆破成黄子——碎糁儿，放入清水中漂去豆皮，泡软，上小石磨——磨拐子磨成绿豆浆。细柴微火将铁锅烧热，然后用勺子舀一勺绿豆浆，放在锅中间，用铲子迅速摊开，使之成为厚度一致的薄饼。再微火加温，待半熟时将边缘折回成正方形；翻过来，烙另一面，熟透了出锅，就做好了。刚出锅的饹馇色泽嫩黄，散发着绿豆特有的香味儿，可以卷起来蘸蒜醋汤做主食，也可以切成小长方块儿做成醋熘饹馇，或两层饹馇夹鸡蛋清拌肉末炸成饹馇夹。后者，荤素相佐，味道更好。如果将饹馇晾干或冷冻，炖大菜时上面放一层，饹馇的味道清淡爽口，更适合老年人吃。

▲ 用磨拐子磨绿豆浆

凉粉儿

凉粉儿有荞麦做的和绿豆做的两种。荞麦糁儿做成的凉粉儿叫荞麦凉粉儿。清水泡软的荞麦糁儿，在碾盘上揉搓成粉，经细马尾箩过滤，调成稠糊，煮熟，舀到碗或盆内冷却即可食用了。

绿豆凉粉儿做法和荞麦凉粉儿做法近似，但比荞麦凉粉更白嫩更筋道。

夏天，永宁大街常见挑担卖绿豆凉粉儿的。卖凉粉儿的把担子放在阴凉地方，有人来买，他就把顾客让到担子前面的矮长板凳上坐下，根据需要，他或是切下一小块儿凉粉儿放在手掌内，用小刀切成细长条儿，或是用类似小漏勺的刮子，在大块儿凉粉上刮下一团丝儿；然后放到一个小碗内，再加上盐水、芥末、香油、芝麻酱、醋、蒜泥汤、黄瓜丝儿等作料，那一股股诱人的细香辣气的味道就会漫散开来。买凉粉儿多是儿童和老年人，吃完了凉粉儿，连碗内的汤也要喝光，才吸溜着嘴儿走开。

烂蚕豆

烂蚕豆是老少皆宜的食品。先将大蚕豆泡展，努出嫩芽，然后放到锅里，加盐、花椒粉、大料粉、小胡椒等作料，煮熟透。煮好的烂蚕豆不仅入口烂乎，而且有香味儿，豆皮一碰就掉。民国时期永宁的烂蚕豆数老赵头煮得好，他大都在晚上出来，反复喊："烂花蚕豆啦！"那"花"字的发音，听来像"花"又像"乎"，那意思是，他的烂蚕豆，煮得不仅开了花，而且又烂乎又香。晚上，人们吃夜宵，烂蚕豆是一道下酒的好菜；孩子们馋了饿了，买些烂蚕豆打打牙祭，顶饿又解馋。

油炸鬼

油炸鬼是面食，面和得比炸油饼的面软些。把一块儿面在案子上用手压扁，中间划一刀，拿起来两边再各划一刀，抻长，放到热油锅内，用铁筷子将其撑开，炸透即可。出锅的油炸鬼是长圆形的双股似连似分的圈儿，入口肉乎乎的香。穿上一串，是送给坐月子女人的好吃食儿。如果沿街叫卖，和火勺是一套。

火勺

旧时，永宁城红炉匠做点心，白炉匠打火勺兼轧面条。民国时期永宁城内积玉成的火勺卖得最快，那是因为积玉成的白炉匠周老五手艺出众，人们认货。

周老五的手艺，是经延庆城老字号"兴盛全"名师点拨过的，自己又经过长时间的实践，一改过去操作没有完整规程的做法，总结出五条操作规程，也是他打火勺的五手绝活。

第一手绝活，和面要肥、碱适量，10斤面加2斤面肥，一边和面一边加碱，直到那面和得不软不硬，筋道滋润不粘手，呈现出淡杏黄色，用手一拍"啪啪"脆响有弹性才行。

第二手绝活，火勺瓢蘸足花椒油盐包严实。

第三手绝活，敲火勺槌子要好听。那槌子尺把长，硬木做的，中间像一个掐头去尾的心里美萝卜，两端是比大拇指稍粗，头尖尖的把儿。他每把包好花椒油盐的火勺擀开，放在火勺铛子上，就敲一阵火勺槌子。槌子的声音浑厚而沉实，槌把的声音轻逸而脆生，敲起来带嘟噜，比快板书的开场板还好听，而且老远就能听到，教人觉得那火勺的香味儿不是烤出来而是槌子敲出来似的。敲火勺槌是学做白炉匠的第一课，不会敲火勺槌子的白炉匠，火勺打得再好也没人用。

第四手绝活，火候得当。炉火要收拾得不爆不温。擀好的火勺，先放在铛子上烙，到一定火候，翻过来再烙到八成熟，最后放到铛子下面烤，每炉烤15个火勺，烤15分钟，过火或不及就会焦煳或塌瘪，就没了它该有的味道。烤好的火勺里面充满了热气，像个鼓膨膨透着香味儿的圆荷包。周老五打的火勺扔到房顶，滚落到地上准摔成三瓣，两瓣是脆巴巴的皮儿，一瓣是鲜灵灵的瓢儿。火勺正面中间有一个圆圆的圈儿，那圈儿如淡黄色的月晕环绕着一团圆月，如果那圈儿不明显或变黑了，就是火勺在铛子上的火候没掌握好。

第五手绝活，个头均匀。他的火勺1斤面准打10个，绝不缺斤少两。刚开始，掌柜的还检查。但他的面剂子"啪啪"揪开，大小完全一致。掌柜的用秤称，每

△ 火勺

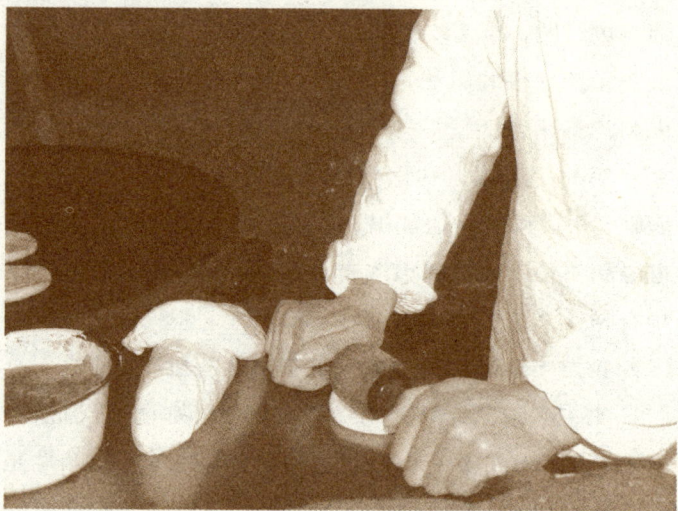

个火勺剂子上了秤，秤杆连个头高头低都不差，后来就不检查了。

周老五的火勺瓤嫩皮脆，好吃，便宜，而且最容易和其他食物搭配，形成一种新口味儿，既可作早点又可当正餐。刚出炉的火烧，只要沿着它的边儿轻轻一捏，它就会裂开一道口儿，爱吃素淡的可以在里面夹上油炸鬼、油饼；爱吃荤的可以夹上各种熟肉，如果把那肉切得细细的，再加上大葱香菜鲜辣椒，就成了肉夹馍，那就更别有滋味了。爆火炝个汤，加上作料，把火勺切成细条儿放进锅里烩，趁热连汤带水吃到肚里，那是很舒坦的。肥肠卤煮火勺味道浑厚而绵长，爱吃辣的加点儿辣椒面，爱吃酸的倒点儿山西陈醋，那可正是永宁人说的"香滋辣味"了。

周老五打的火勺瓤包得严实，皮烤得脆巴，水分很少，带它做干粮不油包儿，而且不易变质。

作为地方主要小吃，人们对它感情很深，至今永宁城仍有不少家卖火勺，乡村的早点摊卖，较大的饭店也经营。

住宅民居

走进古老的住宅，即走进一种自然古朴或者典雅端丽庄艺术氛围。

永宁地区的住宅，既有依山赋形、顺其地势而建的高低错落、大大小小、形状各异的山村柴篱院落，又有布局严谨、结构紧凑的城镇四合院。

永宁城内老住宅大多为明清时代建筑。明清时期，永宁地区逐渐安定，富裕人家的民宅建筑慢慢讲究起来了。虽然永宁在明清两代一直隶于京师，住宅的建筑格局、室内装饰、家具摆设，以及建筑技术等，受京城影响较大，但永宁又是多地区多民族集聚的城镇，因此，永宁的四合院既不像京城的典雅富贵，也不像山西的恢廓大气，而是吸收了多地区的长处，形成了格局小巧而紧凑，装饰讲究而工细的另一种风格。

房顶上突出的瓦垄，都使用筒瓦。筒瓦是仿照宫殿、庙宇的琉璃瓦样子的灰色陶瓦，只比琉璃瓦小一些，明显区别于市区民宅使用的小型板瓦。因此，瓦垄细长而轻巧，重量明显下降。而延庆地区的板瓦房顶，在市区的四合院中几乎就见不到了。

一间窝两间棚三间房——格局

永宁有"一间窝，两间棚，三间房"说法，意思是说，只有够3间以上的建筑才称得上房屋，才是真正人家的住宅，才谈得上格局。

由于贫富差距和居住地点不同，房屋格局区别很大。山区一般只建正房而不建配房，地基、屋墙和院墙多就地取材，用石块垒砌，有的不垒院墙，而用木柴扎篱笆围起来，街门也是柴门，只有少数较富裕的人家才建有四合院。过去有"富奔川，穷奔山"说法，山区一般都比较贫穷，房屋建筑可以将就，垦荒和烧柴也容易。山区的房屋院落虽然简陋，但依山傍水，别具一种风味。

东川平原地区，穷人多住"土平房"，房屋的墙头从上到下都用土坯垒砌或版筑，房顶只有檩条而没有木椽，只在檩与檩之间铺半尺多厚的高粱秆，上面抹泥，房顶较平，所以叫土平房。土平房顶都长野草，每年开春，要用铁锹铲掉一层土，再重新抹泥。不然，容易漏雨水。

家境稍好的人家正房建筒瓦房或板瓦房，配房建土平房。

上讲究的是四合院，百姓称之为"四合套院"。

筒瓦房质量较高，坚固而不易漏水。城镇和川区的居民，大多住筒瓦房。为了泄水，宅院地基都高出街道。街门外砌高门台。筒瓦房的进深多在1丈6尺以下，每间房的宽度——俗称"间量"，多为1丈。

富裕人家的住宅多为四合院，砌有院墙、门台阶。

▼ 依势赋形的山区住宅

⊙ **民风民俗**

院落多为坐北朝南，即使街道南的住宅也如此。院内建有正房、东西厢房和南房。正房间数为单数，多为3间或5间。若是3间，中间为外屋，外屋兼作厨房，左右为住室，叫"一明两暗"；5间则左右各两间住室；正房的间数若为双数，中间必须留出两间房兼作厨房的外屋。有的还是两进、三进院，并且单设后院。后院建有碾房、磨房、马厩、猪圈、鸡舍、茅厕、杂物仓库和柴棚等，并打有水井。碾房和磨房建于西北角，茅厕建在东北角，水井在通道一侧开凿，但不得与所有的门在一条直线上。多数后院中间或和前门对角的位置留有较小的后门。两进和三进院，只有正房和厢房，因为南房即是前院的正房。有的正房中间留有过厅，作为前后院的通道，多数在一侧留有半间房作过道，也有过道不建房的。

宅院很大的，还建有东西跨院，有券门或小门和主院连通，其格局和主院一致。

整个建筑格局以正房为中轴，东西对称。如果不对称，人们认为日子会偏斜，或晚辈之间相磕①。

所有院落的地面用青砖铺砌。

有的只建一个跨院，可以建房居住，也可以作为放杂物和养牲畜用。有的在住宅之外另有园子，用于堆放秸秆，养猪、养羊，开粉坊、豆腐坊，设碾房等。

普通人家则根据自己的财力建造，多为一个院落，也有后院，但设施没有富裕人家齐全，后院也不打井，吃水要到公共水井担。院落有的只砌通道，有的连通道也不砌。

东西街道路北的住宅，街门在东南角；路南的住宅，街门在西北角。路北的住宅不开西门，路南的不开东门，谓之"肋门"，意思是捅破自家的肋骨，不吉利。

南北大街两侧的房子，路西的不开南门，路东的不开北门。

虽然民宅的建筑质量不断提高，房间也越来越高大，但整体格局变化不大。现代民宅的变化主要表现为两点：一是因为住宅面积日趋紧张，为了充分利用土地，在传统格局基础上进行的一些灵活性的调整；二是由于生产和生活的社会化，大都不再单设后院和建设一些附属设施，如水井、家畜和家禽的房舍等。

针尖大的窟窿斗大的风——保温和取暖

永宁地区冬季较寒冷，人们非常重视保温和取暖。

"针尖大的窟窿斗大的风"，这是永宁人常说的一句话。冬季要注意保温；保温，首先要屋子不透风。窗子是双层，外面再加一层高粱秆插的窗子，叫"风窗"。内外两层都用纸糊，而且要将所有的缝隙都糊严实，叫"溜窗户缝儿"，保暖效果非常好。堂户门，多加装一层

---

① 相磕：方言。相互妨碍健康和生命。

单扇门，叫"风门"；无条件做风门的，挂棉门帘挡冷风直接吹入。

旧时取暖主要用两个办法：一是烧热炕。居室内的土炕，犹如散热的土暖气片。永宁人说"炕热屋子暖"，正是这个道理。土炕的历史非常悠久，形诸文字的描述元代就有了。元代诗人陈孚在《妫川》诗中写道："民家坐土床，嬉笑围老稚。"他说的"土床"就是土炕。陈孚生于1240年，卒于1303年，他生活的年代，距今已有700余年了。

土炕都连着外屋的柴灶，烧饭的同时就可以将土炕烧热了。看来，我们的先人早就懂得热能的二次利用。有时还可以烧"小窑"，即炕沿下特别留出的方形孔，专为烧炕用。

晚来，早早把被褥焐上。一家人将腿脚伸进褥子下面，说古道今拉家常，非常富有情趣；困了，钻进被窝儿，暖暖和和进入梦乡，那是一种福分。土炕的炕坯加上抹炕面的泥土，至少有2寸厚，散热缓慢而均匀，第二天早上褥子底下还很温暖。即使屋子冷一点儿，可被窝里热乎乎的，舒服极了。热炕还有舒筋活络，治腰腿疼、暖胃的功效，没病的人睡在上面也解乏。因为老年人对热炕很依恋，所以农村大部分居室还搭土炕。

▲ 火盆

二是用火盆。火盆为细瓤泥做成，有方形、长方形、圆形、椭圆形等多种。

使用时，将点燃的木炭或灶膛没有燃透的木头、棒核、茬子等放入火盆，端进居室，放在炕上就可以了。火盆沿上放有"火筷子"——铁制的类似筷子，但比筷子稍粗稍长的工具，上端有小圈，用细铁链相连。火盆不旺，用火筷子挑一挑，炭火就旺了。如把炖菜放在火盆上，吃着一直热乎。给晚归的人留饭菜，往往放到火盆上保温。

"火盆锅"是一种特殊的样子，肚大，上口和下面较小。上口直径约1尺，上沿上有3个支锅的泥疙瘩；中间的肚子直径约1.3尺；下部有一个可点火添细柴的椭圆形孔，上沿凸出，如人的上唇；底部有3条腿。将各种蔬菜和猪肉、粉条、豆腐、炸丸子等分层放在沙锅内，添足汤，放在火盆锅上炖好，连同火盆锅一起端到炕上，吃到最后炖菜汤也是开的，是冬季上好的菜肴。

民国时期才有了煤火，也叫"土炉子"，取暖的情况有了好转。煤火烧无烟煤末，俗称"笨煤"，加黏土和成的煤泥。用干柴和烟煤将煤火笼起来，添上煤泥，煤泥烧干后，火焰上来了，可以做饭、炒菜、烧水，屋子也暖和。

土炉子也叫"煤火台"，砌在住室内炕沿下的中间位置，和土炕相连。砌好的炉子叫"炉台"，炉台一般长85厘米、宽50厘米、高52厘米。炉子有"七着八不着"的说法，就是说，土炉子高度不能超过七层砖。炉台上层一般要加宽约10厘米，厚约4.5厘米的炉台框。

炉台偏外砌炉膛，偏内砌入一个小坛子，俗称"暖坛子"，暖坛子上有木盖，内添满水，煤火生着以后，可以随时使用温水。为了通风，炉子下方有铁质的炉条，炉条一般有手指粗，长一尺三寸左右，共九根；炉条下是空的，叫"炉坑"，炉火灰多了，可以将捅条伸进搅火眼儿搅火，炉灰直接落入炉坑内；炉坑外侧砌有煤池子，用来盛煤泥。

炉膛内侧有烟道连接土炕，既可以烧热炕，又可以防止煤气中毒，很实用。

▼ 连接土炕的土炉子

⊙北京地方志·古镇图志丛书

永宁

煤火通过土炕和灶火台相连，用它做饭时把灶火门打开，火头不进炕，而向上烧；晚上睡觉时把灶火门挡住，烟火就通过烟道进炕了。一个炉子通过控制能有多种用途，表现了永宁人的聪明智慧。

现在，火盆已经很少有人用了，川区全部被土暖气和煤火炉代替，而火盆锅作为保留菜肴，已经上了民俗旅游饭桌，但只是把一个圆形的火盆放到圆桌中间，而不是使用传统的火盆锅。

百年基业不凑乎——禁忌

建房之前，要请风水先生看风水，以决定家宅的建造格局的细部处理；同时请方士选择破土动工的吉日良辰，叫"择日子"。

上梁立架也要择日子，并要贴对联。对联一般写："上梁喜逢黄道日，立柱正遇紫微星"，横批写："上梁大吉"等。除在中间两根柁柱上贴一副对联外，所有的中檩都要贴横批。

为了掌握准确的时辰，上檩时先将所有的檩条上好，唯独留下中间一间房子的中檩到吉时才上。上好后在中檩上贴一张红纸画的八卦图，拴五种颜色的线，以避邪。此时，上檩才宣告成功。上檩结束要放鞭炮。主人家要给木匠开喜钱，并要摆出点心和茶水请木匠吃喝休息。

上梁时不允许怀孕的妇女看，认为不吉利。如果有孕妇来看，木匠即在梁上使劲劈开一个木楔子，这叫"破"——破了不吉利。

街门是诸多门的代表，安装时也要选择吉日良辰，并且要贴对联，放鞭炮以示庆祝。

排雨水的路线，必须和人出行的路线一致，谓之"顺溜"。预示今后的日子顺当。反之，是绝对禁忌的。

东西配房的雨水不许排到相邻的院落，以免邻家盖配房时雨水无法排出，即使邻家不建配房，也会引起争议。两出水的配房，必须在房后留出水道，或在后檐建天沟——承接后檐雨水的沟，使之流到自家院落再排出。不然，就要建一出水的撅尾巴厦子。

如果有相邻并排的房屋，上水方的地基和房屋可以高出下水方，但不得超过上水方。如果超出上水方，则被认为压别人家一头，影响人家的声誉和日子；同时，对自己也不利，认为是自己出头而担着两家的房子，将来的日子要受累。绝对不能将自己的房屋建得比相邻的左右两家都低，这意味着受两家压抑，叫"受夹板气"。

自家的街门不和对街的街门相对，街门和整个家宅也尽量避免和街道相对，如果相对了，被认为是"冲"，即冲撞自己，需要在正对街道的地方立一块长约1.5尺，宽约1尺的小石碑，镶嵌在自家的门台下、墙壁上，上面镌刻"泰山石敢当"字样。

如果对面的檩头正对自家的门口，叫"冲"，要在自家门头上悬挂一面镜子，将冲挡回去。

街门内没有配房遮挡，站在街上，可以直接望到正房，谓之"一眼望穿"，说是"被人一眼看到底了"，意思是自家的日子没底。此种情况必须建照壁，俗称"影壁"，作为遮挡。有的虽然有配房，也要在配房正对街门的山墙上，做出一个影壁样子的建筑，叫"座山影壁"。座山影壁和配房山墙是连成一体的。最简单的叫"挂山影壁"，即在山墙中间突出的1.5尺见方小影壁。

讲究的家庭，房脊中间要压吉祥物或镇物。中间房间中檩刻木槽，内放用筷子穿起的铜钱一串，除了要表明建筑的时代，更重要的是寓有"快有钱"之意。

▼ 刻有"泰山石敢当"字样的石碑

翻翻身——迁居仪式

搬入新居时，同样要按择订的日子搬迁，并按择订的时辰在新居开伙，吃头顿饭。开伙吃饭是搬迁的象征，如果在择订的日子前，装修没有完毕，或因其他原因而无法按时搬迁，要举行搬迁仪式：至少要搭好一铺炕，砌好厨房连接炕的锅台，虽然人不去居住，但必须举行安锅、开伙、吃饭的仪式，而且必须吃烙饼。女主人下厨点火，把饼放进锅内，待饼翻过来之后，男主人问："翻过来没有？"女主人回答："翻过来啦！"全家人皆大欢喜，将烙饼分开吃掉。搬迁仪式即告结束，以后什么时候搬过来居住则可随意了。

▲ 挂山影壁（原雕刻被毁）

搬迁后满一个月要暖房。暖房是农村喜事的一种，亲朋好友都要前来祝贺，主人要在自家开设宴席。旧时，客人要带白面蒸的大馒头和鱼，而且都要成对。大馒头就称为"发糕"，预祝主人发家；鱼，则是祝主人家搬迁之后富富有余。现在暖房客人不再送食品，而是随礼送钱了。为了省事，主人也大都到饭店招待客人，并单设账房先生收礼钱。暖房的习俗一直延续至今，而且从农村走到了城镇，成为了一种普遍的习俗。

哥东弟西——居住规矩

"哥东弟西"的说法，概括了永宁居住规矩，即长幼排列次序的居住原则。路北和路南的正房，都是东侧为上，西侧为下。而路东和路西的正房是对着路的，面对居室，右侧为上，左侧为下。弟弟住在下首房，表示对兄长的尊重。如果父子同住，则父亲住上首房。

较大而富裕的家族，有东西跨院的，父亲住正院正房，即上房，兄弟分别住东西跨院，女儿住后院；东西配房为护院和其他使役人员居住。无跨院的，父亲住正房，兄弟住东西房，女儿仍住后院，护院和其他使役人员住面对上房的房子。

由于各家人口和各自房屋建筑不同，居住习惯不一样，具体安排也有区别。但都不会违反尊卑长幼次序排列的原则，也都是由长辈依据上述原则安排的。

即使弟兄分家，房屋的分配也必须依据上述原则。

家具放置——便于使用

厨房

普通人家住室的外屋都是厨房，也叫"外地"。外地砌锅台。

锅台靠腰间墙上方钉一排钉子，挂铲子、勺子、笊篱、箅子等物。灶门前方，腰门里侧，靠墙放水缸，上面放大案板，做菜时，就在案板上面切菜。炊具放置随手就可拿到，使用非常方便。后墙摆放高桌，高桌下面的木掌——连接木腿的横木上放木板，木板上摆放炊具。高桌上摆放灶王爷神龛。

家境较好的家庭，在一侧墙边摆有碗橱，也叫"平平柜"。碗橱高度和大衣柜差不多，分上下两层。上层有两扇门，内有三层隔板，可分别存放炊具和食品；下层是一个或并排两个抽屉，放筷子、勺子等小餐具。

▶ 灶火台和常用家什放置

两间外地，靠后墙摆放条桌，条桌一般为硬木，两端做成弧形翘沿，桌面下正面和侧面都有透刻的木质图案。其上供奉灶王爷、财神爷等神仙。逢年过节，桌上摆放香炉、供品和灯烛，桌腿缀满金银纸箔。夜间，将桌上灯烛点燃，照得满屋通亮。

客厅

一般人家多是住室兼客厅。住室靠窗搭炕，炕上铺苇席或高粱篾子炕席。炕里摆被垛。若住室里面有套间，两间屋子的炕上有木窗，叫"隔扇"。

靠后墙可着房间的宽度摆满红板柜，有的依照房屋尺寸，做成三节一个大板柜，有的是两节大的，再配一节小的。如果板柜不够长，可以镶"柜楔子"，即平摆与板柜一样宽的一块木板，下面再连一条木板，都涂和板柜同样的颜色。其下下缀布帘，将空位置补齐。板柜上可以摆放盆景，墙上挂"对美"①。

板柜前放长板凳，客人来时可以坐。长板凳宽20厘米左右，有的是宽40厘米的框式长凳，中间镶薄木板，叫"春凳"。春凳比长板凳讲究。如果是尊贵和较亲近的客人，多让到炕上坐。

吃饭都围在炕桌周围。讲究的用正方形的八仙桌。

再讲究些的人家，靠内墙摆放方桌，两侧放靠椅，为接待客人用。

较富裕的书香门第，多是书房兼客厅。陈设反映出较高的文化品位。室内不搭炕，而摆设书架、万宝阁、条案、方桌、靠椅等。墙上悬挂名人字画。方桌上备茶具，以接待客人。条案上摆放文房四宝，以及附属的笔架、笔筒、墨洗等。

官宦、富豪或进士及第的人家，设有专门的客厅。

---

① 对美：两幅画，每幅画中画一个美女。

⊙ 民风民俗

这样的人家正房为5间或7间，两端各一间或两间作为卧室、书房，中间三间掏空①作为客厅，摆放桐油刷过的硬木家具。

在客厅正中靠后一点的位置立有木质大屏风。屏风前放方桌，桌旁有靠椅。

屏风、方桌和靠椅有木雕装饰。屏风的木雕十分讲究。木雕的题材多为传统的故事、传说，或传统的花鸟虫鱼、山水等，用透雕和深雕相结合的手法，工细而逼真。

客人来时，坐在靠椅上饮茶、吃饭，侍女站在屏风后听传唤。

客厅设有前后对正的两个门，叫"穿堂门"或"过厅地"。

厨房不在客厅，一般设在后院的配房内。

传统的家具和摆设在新中国成立前后还继续保留使用，如今，家具中除部分家庭还有板柜外，大部分老式家具被现代家具所取代了。

照明——越来越亮堂

元代前，多点"荤油灯"，用动物脂肪作为燃料，多使用猪油、羊油，也使用蜡烛。元代还出现了一种外形像蜡烛的"明堂灯"，放在蜡扦上点燃。

明代以后，延庆人掌握了用植物榨油技术，开始并逐渐普及了"素油灯"——用小灯碗儿装上素油，用棉花作灯捻儿点燃。灯碗儿多为粗瓷制品，有的用小瓷盘或其他瓷器替代。灯碗除瓷质的外，出现了锡制品。那时虽然也使用蜡烛，但只有逢年过节和敬神、祭祀时才使用。

---

①掏空：方言，指两间以上房屋中间不砌墙，形成较大房间。

⊙北京地方志·古镇图志丛书

永宁

蜡烛有"磕头蜡"，短小而细，给神仙叩头间，蜡烛就会燃烧完，"长蜡"较长较粗，燃烧时间较长；"通宵蜡"，直径有2寸以上，长有1尺多，用细芦苇作捻子，可以燃烧一整夜。蜡烛下面都有锡质的蜡烛台，永宁人叫它"蜡扦儿"。

▲ 蜡扦和油灯

夜间出行的老人、孩子多打灯笼。灯笼有竹架、木架、铁架3种，外面都用纸糊，里面点燃油灯或蜡烛。

据《延庆州乡土志》载："煤油每年由通州陆运销售本境者四千余箱①。""民国二十三年（1934年）境内商人始购进亚细亚幸福美孚牌煤油1200桶，多为民用点灯照明。"以上记述说明，在清代，煤油进入延庆后，渐渐替代了素油，开始多用瓷质的小"煤油壶"；后来有了带"灯罩"的"洋灯"，也叫"台灯"，大小有头台、二台、三台之别。三台最小，也最省油。台灯比煤油壶亮，而且油烟也少。

出行时用"提灯"，也称"桅灯"。提灯下端为薄铁页做成的圆形油箱，中间有灯罩，上面有铁丝折成提手。提灯因为大风吹不熄，俗称"气死风"。

雕饰——文化蕴含的魅力

四合院讲究雕饰，从街门到堂室，几乎所有醒目之处都镶嵌题材丰富、做工精湛、刀法密致的雕饰。

街门既是院落封闭格局的标志，又是主人身份的

---

① 清光绪《延庆州乡土志》。

▲ 提灯

▼ 街门上方雕饰

象征，因此，不但结构复杂，而且雕饰集中。

迎面两侧的墀头，上方常有戗檐、博缝、盘头等做法，多饰以精美的雕刻。5层磨砖对缝的横砖，深雕2方连续图案，逐渐向外倾斜而出，其上戗檐镂雕与屋檐相接。戗檐上的镂雕题标很丰富，或花鸟虫鱼，或动物，或人物，无不惟妙惟肖、形象逼真。站在门外，可见外门柱镶左右对称的木雕俏丽的花鸟"雀替"，两根横梁中间镶3块木雕，中为上大下小的虎头撑，内饰各种花卉、人物等图案，两侧各有半形虎头撑花雕作陪衬，装饰效果极佳。顶端有藻饰天井，大门上方有装饰彩色花边的匾额，就连门框上突出上弦外的方形门簪，也饰以花纹，其上刻有"福、禄、寿"等吉祥寓意的字样或图案，突出而醒目。门框下弦的门槛两端装有长方形门墩，内外突出。官宦世家的门墩为石制，名"石鼓"，也称"抱鼓石"。抱鼓石内呈长方形，刻有放门轴的圆形窝，中间有石槽卡住门槛，伸出门外的鼓面周围雕饰精细的花纹，给人以既精美华贵，又稳重坚实的感觉。

迎门即可见影壁，因此，影壁以砖雕为主的雕饰更为精美。顶部为玉带翘脊，脊前铺设特制的小灰色琉

璃瓦，瓦下是砖雕的方形和圆形橼。檐下雕饰非常集中，举凡需要装饰之处，无不雕饰精致图案。保存完好的吴氏宅院影壁的镌刻做工极精湛，簪、帘、边、角、心，不同部位、不同配件都饰以不同尺寸、不同形状、不同的图案，比例恰当，整体协调完美。檐下两层卧式雕帘，上层为浮雕牡丹，下层透雕图案，玲珑剔透；檐下两侧作为边框，刻有字迹突起的7字对联，上下和字与字间都有细镌小件配饰；底座有宽窄不同的花边装饰；最醒目的影壁主体，四角镶角雕，中心镶圆雕，中心部位是砖雕作品的主体，采用透雕和深雕相结合的手法，刀法准确而细腻，形象异常生动逼真。

建一座影壁费用非常昂贵，一般需要整个四合院一半房子的造价，而吴氏宅院的影壁花了整整一斗白银。

进院四面房屋檐牙高啄。蝎子尾下，花草盘子雕饰精巧，平者为"平草"，竖者为"跨草"。脊头全部为方砖透雕，有公鸡，取吉利之意；有太瓶花，取平安之意；有牡丹，取富贵之意等。

山墙讲究封山，平沾、竖摆的磨砖之上出小檐，以免雨水直接淌侧墙。其下，正对脊头的中线镶嵌菱形砖浮雕花卉；再下，开精巧圆形小侧窗，周围磨砖之外饰一圈花边，显得十分精致。

门窗是木雕重点装饰部位，尤其是退廊子房，镂雕装点比比皆是，无论是两侧柁柱雀替的浮雕、嵌条下

▲ 门簪

▲ 抱鼓石

吴氏宅院影壁

脊头高啄

山墙菱形砖雕

圆形侧窗环绕的花边

方和嵌条两侧镶边的透雕，还是门扇下面镶嵌的镂刻，设计和刀工无不令人叹为观止。尤其是后者，大幅的雕饰多是人物故事，其神态鲜活、衣着纹路合体，周围的景色主次分明而配置恰当，刀法细腻而精湛，意境深远而感人，足以令人产生怀古之遐思。

古老住宅中内容丰富、形态多样的砖、木、石雕饰，蕴含了极其深刻的文化含义，处处表现了千百年来，祖祖辈辈永宁人的追求和向往。

镌刻书写文字表达更直观简捷，凸显或凹入于门簪上的"吉祥"、"如意"，书写在匾额上的"耕读传家"、"俾尔戬谷"和木板门上"千祥云集，百福骈臻"、"绿竹生笋早，红梅结子多"的楹联，影壁中心巨大而突出的"福"字浮雕，以及诸如吴氏宅院影壁两侧"吉星高照平安宅，福曜常临积善家"的对子等，把永宁人对平安、幸福、吉祥、家道绵长的追求，以及耕田求得富足、读书博取功名的期盼和勤劳、善良、朴实的人情风俗表现得清晰明了。

和镌刻的文字相比，镂雕的图案，以及民俗活动、传说故事、历史人物故事等画面，题材更广泛，手法更丰富多彩，表现更灵活多变，蕴意更深远，韵味更悠长。谐音、借喻、比拟、会意等手法比比皆是，构思之精妙、指向之贴切、寓意之谐和，无不令人称奇。似乎每一处琢磨都是一种情绪的诉说，准确地传达出整体意境的深邃。

图腾崇拜起于远古，宋朝将之发展成传情达意的符号，而明清则广泛应用于各类建筑装饰，渗透于各个生活领域，形成了独特的艺术表现形式。永宁古老民宅的装饰象征性，在整个北京西北地区很有代表性。

谐音取意是常用的方法，借用一些吉祥物或动物，将其变形美化，赋予人情化的谐音联想，产生新的含

义。如，花瓶——平安、祥云——吉祥、鹿——禄、葫芦——福禄、蝙蝠——遍地是福、鱼——富余、猫蝶——耄耋、狮子——致仕、猴——侯……

其次是巧借某些神话人物、动植物和自然界事物的自然属性和特征，或赋予直接的含义，或运用比附的方法产生一种寓意。如福禄寿三星的含义很直接，松竹梅岁寒三友比附高风亮节，松鹤延年和鹤鹿同春寓意长寿和幸福，清水芙蓉比附淡泊高洁，盘长带葫芦寓意福禄长久，牡丹桂花比附富贵荣华，水寓意福如东海长流水，等等。

吴氏宅院影壁中心砖雕，主体是两头形态各异而活泼的鹿，其中一头口衔灵芝，两头鹿的周围有松竹梅、仙桃、池水、鲤鱼、荷花、莲蓬，还有欲飞的雄鹰、云中的翔鹤、形态活泼的猴子……如此多的形象集中于一个直径只有55厘米的圆雕上，不仅构图主次分明、紧凑精巧，而且蕴含异常丰富而耐人寻味。

多见于屏风和退廊子房门较大的木雕人物故事，如《西厢记》、《牡丹亭》、《断桥》、《桃园结义》等，依据故事本身内容，表达人们对爱情的追求，对忠义的赞扬。

值得注意的是那些更普通，但运用更广泛的简单花边。这类花边似乎只是一种美丽的符号，很难看出它

▲ 吴氏影壁中心砖雕

们特定指向的含义，但艺术家却赋予了丰富的联想、冠以好听的名字，并由此引起人们美好的期待。此类花边皆为简单明了的二方连续图案，如类似如意的云子钩，实际是"∽"的变形美化的连续雕刻，冠以"云如意"，借用"云"的谐音转义为"运如意"，而延续镌来，就意味着随心如意的好运接踵而来。如果上下两个"云如意"花边之间再镂以佛手、苹果、石榴、仙桃等水果，或牡丹、芙蓉等花卉，其意义就在"运如意"上扩展、延伸了。前者借谐音和会意等方式晓示人们，要有佛一样的善良和慈悲，才会平安而事事顺溜，才会有好运，才会健康长寿；后者，揭示了好运的结果：富贵荣华。

再如一条横线上或竖线一侧，饰以连续开放的花卉，冠以"步步锦"，晓示人们要不断进取，才能一步步走向锦绣前程。

另外，还有莲蓬相连的花边冠名"子孙万代"，百合花相连的花边冠名"百年好合"，一支笔穿起的花朵冠名"妙笔生花"等。就连装饰部位的配件都冠以让人产生联想的名字，如三连砖——连升三级，莲子砖——莲生奇子（莲蓬上有七颗子，借"七"的谐音为"奇"）；再如，称云瓦为鱼瓦——好运、富裕，称滴水为莲子

▶ 砖雕花边（从上至下为：云如意、步步锦、莲生奇子、妙笔生花）

——寓意与莲子砖一样，称猫头为虎头——避邪镇宅……

永宁四合院的雕饰，作为明清住宅建筑中重要组成部分，成了宅院建筑镶嵌的艺术眼睛，使宅院立时在生动活泛中，显扬出极高的文化品位。如此诸多的锲刻作品，无不具有极高的艺术审美价值，无不张扬了艺术家超乎寻常的想象能力和创作才干，其表现手法之丰富、内容含量之巨大，着实令人惊叹不已。尤其是后者，即雕饰蕴含的内容，既涵盖了佛、道、儒三家传统文化的精神，也是三种文化与永宁传统艺术的融合。这种融合，不仅反映了永宁人信仰的多元化和实用性，表达了永宁人淳朴、善良、勤勉的个性，也表达了永宁人求索平安、幸福、长寿、家道昌盛、子孙万代的强烈愿望，和对建功立业，求取功名富贵的热切祈盼。

男婚女嫁

婚嫁是人生旅途中的一件大事，因此，人们称之为"大喜事"而尽心操持。以这个大喜事为中心，前前后后的习俗活动十分丰富，礼仪也十分繁缛。对于诸多的规矩和说法，当事人来不得半点马虎和草率。稍有疏漏，便被视为"缺礼"，而招致亲友和乡里讥笑，甚至被新娘的娘家人"挑礼"而引起争吵或麻烦。

婚前准备

议婚和提亲

男女到16虚岁即算成年，成年之后父母就可以为之议婚了。

民国时期，还沿袭明清时代的说法，姑娘到十七八岁，就是大姑娘了，超过二十岁就是老姑娘了，再找主儿就困难了。

议婚是指父母商议儿女的婚事，而儿女婚事都由父亲拿大主意。主意拿定之后，就可以提亲了。

提亲要靠媒人。到了议婚年龄的男女，家境和人缘好的，会有媒人主动上门提亲；反之，则要父母央及媒人求亲了。

提亲是不能贻误时机的，因为姑娘大了不好出嫁；哥兄弟多的人家也着急，因为哥哥娶不上媳妇，弟弟是不能结婚的，而家境较差的更着急。

说媒的是一种职业。过去，有人专吃这碗饭，永宁人称女的叫"媒婆"，男的叫"说媒的"。从事这种职业，就要有职业本领，媒人一般都会猜度当事人的心理，并且能说会道，还要使人相信。婚事进展是否顺利，媒人起着十分重要的作用。

媒人提亲，可以先到男方家，也可先到女方家，也有男女双方同时各出一个媒人的，即使开始是一个媒人说合，这个媒人也只能算一方的，如果婚事成了，还得再找一个人充当另一方的媒人。"成双成对"，是婚事的吉利话，媒人自然不能是一个。媒人上门提亲，要将对方的情况向提亲一方作详细的介绍，待一方大体认可之后，才向另一方提亲。

占卜和访查

媒人提亲得到双方初步认可后，双方父母要做两件事，即占卜和打听。这两件事虽然双方都要做，但男方更注重占卜，而女方则注重打听。

定亲是婚姻大事中最重要的事情，双方父母都特别重视，媒人提亲即使得到初步认可后，双方父母也还要做以下两件事之后才能定亲。

第一是请人占卜双方的属相和生辰八字是否相合，

不相合的就会相磕，这个过程就叫"合婚"。合婚在婚事中是至关重要的。属相相磕叫"大相不合"。大相不合主要有下面几种情况：

白马怕青牛，

羊鼠一旦休，

蛇虎如刀铧，

龙兔泪交流，

金鸡怕玉犬，

猪猴不到头。

上述所谓的"大相不合"的婚事在过去是绝对不行的。

另一个决定婚姻成败的因素是男女出生的年、月、日、时。这要请占卜的人查看有关的书籍，并依据书上的规定，进行测算，一般都请算命打卦的先生。从男女的生辰八字推测每个人的命运，进而推测男女双方婚后是否美满和谐，子女是否齐全，财运是否兴旺等等。合婚的结果可能出现大吉、吉、无碍、不吉等情况，有钱人家选择大吉和吉的结果做亲事，一般人家吉和无碍就可以了。不吉中有男女相磕，或女磕夫、磕子、磕公婆、磕钱财等说法，即使其他条件都合适，双方的亲事也不能做。

昔时讲究娶大妻，但女方年龄比男方大，有如下说法："女大一，不为妻；女大两，黄金长；女大三，抱金砖。"

第二是调查对方的家庭情况。主要是土地、房屋、哥兄弟几个、生活状况，以及道德家风等。其中哥兄弟几个涉及今后财产的分割。

为了有把握，女方家的父母往往求人带着悄悄察看对方的粪堆，因为从粪堆大小可以推测出土地的占有量。

如果合婚和调查的结果两家都满意，双方父母才同意定亲。

定亲和拿帖

在定亲的过程中，男方家要做三件事，即拿帖、送拜匣和送彩礼。

帖，又叫"婚帖"。取帖俗称"拿帖"。婚帖由女方父母请人写好，男方央媒人取来，这个过程就叫拿帖。婚帖要写在一张红纸上，写法和样式如下图：

有钱和讲究家的婚帖在县城买。买的婚帖是石印

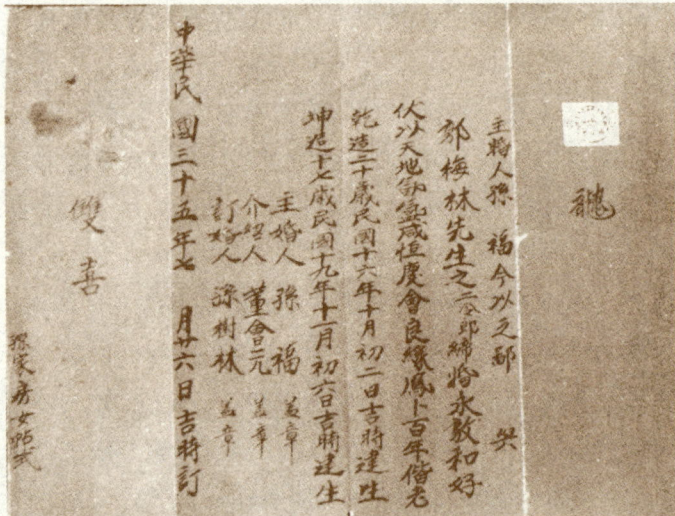

▶ 婚帖

的，石印的婚帖有今天的16开纸大小，红底黑字，右有龙，左有凤，全是描金的。这种婚帖叫"龙凤帖"。手写的婚帖和买的格式差不多，但没有买的漂亮。

男方媒人拿帖时，要把一个红漆描金的木匣带往女家，里面装着镯子、戒指、耳环、簪子、头花等金银首饰，这是婆婆给未来儿媳的馈赠。这个匣子叫"拜匣"。

女家收下拜匣，同时向男方媒人提出索要的彩礼，就可以把婚帖交给男家媒人带回男家了。

女家把拜匣内的礼品取出，再放进一副枕头顶儿。第三天，媒人把拜匣送到男家，这个过程俗称"回匣子"。

匣子中的枕头顶必须是待嫁的姑娘亲手缝制的，是让未来的婆婆检验其针线活儿。因此，这副枕头顶姑娘要尽自己所有的才华和技艺，或描龙绘凤，或绣花鸟虫鱼、人物故事，或绣亭台楼阁……无不细针密线，工尽奇巧。能让人们夸赞其心灵手巧，是可以提高姑娘的地位的。

媒人拿帖送给男家，同时说明女方索要的彩礼，男方父母认为亲事合适，便答应对方的条件，收下婚帖。男方收下婚帖后，就表示亲事做定了。

女方索要的彩礼对于男方来说是"定礼"，男方须在结亲前将订礼送到女方家。

定亲之后，姑娘家父母就开始为姑娘准备嫁妆和陪送了。上述全部过程叫定亲。

定亲之后，双方不得反悔，尤其是女方。男方要悔亲，须发现姑娘确有不贞行为。定亲要双方同意，退亲也需双方认同。若男方退婚，须将婚帖送还女方；若女方退亲，须将婚帖从男方家取回，并退还彩礼。

拜堂成亲

拜堂成亲就是结婚。结婚对于婚姻当事人的父母来说，叫"办喜事"，也称"办事由儿"。

▼ 待字闺阁的姑娘绣制的枕头顶

定礼交接清楚之后，办事由儿则要由男方择取黄道吉日。日子确定之后，由媒人通知女方家，叫"下通信"。

迎亲和送亲

结婚当天叫"正日子"。在正日子这天，男家"迎亲"，也叫"娶亲"；女家"送亲"。

迎亲之前要到轿子房租赁轿子。轿子房设在永宁县城内，有二人、四人、八人抬的大小三种轿子，随轿带有抬轿的轿夫，也可以自己找人抬。有钱的租赁一大两小三乘轿子，稍次的只租赁一乘大轿。租赁轿子的同时，一般都要雇用民间鼓乐队。鼓乐队以唢呐演奏为主，并配以鼓、钹等打击乐器。

男方迎亲时，要在宗族或至亲中挑选上有父母，下有子女，丈夫（或妻子）健在，并且没有怀孕而聪明漂亮的女性与一位男性，称作"全格人"的到女方家迎娶新娘。女性乘轿，男性骑马，轿子里必须是两个人，马也要一双，都取"成双成对"的意思，随男方的媒人一块儿到女方家。轿子要披红挂彩，所以称之为"花轿"。鼓乐队在前，花轿居中，其余人跟在后面。到姑娘所在的村子附近，鼓乐队就开始演奏，一直到姑娘家门口。

这天，早有人把新娘打扮齐整——描眉画鬓，戴凤冠，穿红氅，披霞帔，穿彩裙，着红绣鞋，然后把盖头蒙在头上。待迎亲的花轿一到，门口鞭炮齐鸣，新娘的姐夫或哥哥等平辈人，赶快把新娘从闺房里抱出来，放入花轿内，名曰"抱轿"。新娘上轿后，女家也要找一男一女两个"全格人"送新娘到婆家，这两个人叫"送亲的"。送亲的和送嫁妆陪送的人也要成双数。

迎亲和送亲除了要"全格人"外，还要遵循这样的说法："姑不娶，姨不送，姐姐妹妹全不用。"

回来的路上，迎亲和送亲队伍后面跟着抬"什盒"的，即送嫁妆的。一路上吹吹打打，十分热闹。

什盒是一种长方形竹或木质的没盖的盒子，上有提芯儿，提芯儿上的横木能插一条扁担，供两人抬，或一个人挑，但送嫁妆一般都是由两人抬。盒子和提芯儿上都刷红漆，金线儿走龙飞凤，取"龙凤呈祥"的意思。什盒可以装小件物什。另一种是专用来盛食物的，叫

▼ 食盒

"食盒"。旧时，专有经营什盒和食盒租赁的。正日子一早，什盒和食盒租赁店的掌柜的就派人将什盒和食盒送到姑娘家，一人拿一个，姑娘家再给每个什盒和食盒配一个未成年的孩子，凑够两人一抬。旧时有"抬什盒（食盒）的不奉揖，放下什盒（食盒）吃东西"的说法。抬什盒（食盒）的不但不随礼凑份子，主东还要给每个人开喜钱。女方所有的陪送嫁妆，包括墙上挂的"对美"，以及柜上摆的盆景、大瓷瓶、帽镜、梳头匣和各种衣物等放在什盒里；新娘的随身饭——饺子，一般为 36 个，离娘肉——猪肉，6 斤，放在食盒里。什盒（食盒）多的达到十几个，但不论嫁妆多少，个数必须成双成对。讲究茬儿，迎送的队伍浩浩荡荡，场面十分壮观热闹，引得沿途村上的人成群结伙观看。

花轿经过大小寺庙，都要在寺庙门墙垛上贴一张红帖，上写"姜太公在此，诸神退位"等字样，以避邪免灾。

拜堂和入洞房

正日子，男家街门的门垛和院内正房檐下都要贴一双大红"囍"字，各门都要张贴新对联，书写"诗歌杜甫其三句，乐奏周南第一章"；"琴鸣瑟和征祥瑞，桂子兰孙照屏香"等字样的楹联和"龙凤呈祥"、"鸾凤齐

鸣"、"百年好合"、"花好月圆"、"良辰美景"等字样的
横幅。

迎亲的轿子一出发，男方家就派人到村口等候，迎
亲和送亲的轿子一露面，立即回来报信，家人和亲友就
齐集到街门外迎接。轿子到门口，鞭炮齐鸣，鼓乐喧天。

主持拜堂仪式的叫"下亲的"。下亲的喊声"落轿"，
轿子落下。迎亲的先下轿，到男家取出婆家为新媳妇准
备的新娘衣饰及一面铜镜，入轿为新娘换上新衣，戴上
新头饰，将铜镜揣在新娘怀里，然后，与新娘一齐下轿。
新娘下轿之后，其余人也跟着陆续下轿、下马，然后随
新娘进门。

新娘怀里揣铜镜是为了避邪。

新娘头顶大红盖头，双脚包黄足套——取"步步
生金"的意思。脚下铺两块红毡，她一边缓步前行，一
边有人把后面的红毡倒到前面。两个女傧，即伴娘，搀
扶新娘进家。街门的门槛放一个马鞍，新娘必须从上面
迈步跨过去。下亲的端一个方盘，盘内放五谷杂粮和喂
牲口的草料。新娘一下轿，下亲的一边抓起盘子里的东
西往新娘头上撒，一边高唱喜歌：

> 混沌初分天地开，
> 迎接新人下轿来。
> 新人下轿贵人搀，
> 亲戚朋友倒红毡。

新人进门，他唱道：

> 一块檀香木，
> 雕刻玉马鞍。
> 新人往里走，

步步保平安。

新人进了门，他又唱道：

一进门来喜气发，
新人福分带满家。

新人进了院，来到堂屋前，下亲的高喊："请新郎官——"喊罢三声，新郎从屋里走出来，"拜堂"开始。拜堂，又称"拜天地"。堂不在屋内，而是院子里。在当院放一张高桌，俗称"天地桌"，桌上放一杆秤，一个木斗，斗内放满红高粱，用红绵纸封上，其上插一张弓、一支箭。弓箭之间挂一张红帖，上写："周堂部将，供奉和合二仙之位"12个字。下亲的喊声"就位"，新郎面朝南站在天地桌旁，由下亲的指挥，对天地行三拜九叩大礼。此时，新娘在右边站立。新娘和新郎中间用一领红毡隔开，使之相互不能照面儿。

新郎拜罢天地，手拿弓箭向西方比画一下，但箭不射出，谓之射凶神恶煞。拜堂结束。

拜堂仪式结束后，下亲的唱道：

拜罢天地回转身，
两盆鲜花并一盆。
秤杆本是圣人留，
留给新人挑盖头。

新娘和新郎进入洞房，将房门关闭。

洞房也叫"新房"，正日子之前要粉刷裱糊一新，炕上铺新炕席，炕内叠放妆新的被褥和枕头，被褥要两套，富裕人家还要摆一套新家具。

正日子前一夜，洞房不许空着，要找"全格人"在里面过夜，叫"压炕的"。压炕的必须是同性、双数，也取"成双成对"的意思。

正日子这天，炕沿下要放一个口袋，内装二斗红高粱。新娘进洞房，要脚踏高粱口袋上炕，预示婚后日子步步登高。炕上，放一张炕桌，多为八仙方桌，桌上放两个酒盅，用五彩线拴在一起，旁边放一个酒壶。新娘坐在炕上，新郎用秤杆挑去新娘的盖头，然后也上炕，拿起酒壶，斟满两盅酒之后，即下炕出屋。洞房内女傧为新娘开脸、梳妆。所谓"开脸"，就是用线将新娘脸上的汗毛拔掉。开脸后就表示成了"媳妇"，不然，就叫"毛丫头"了。梳洗完毕，有一个晚辈的小男孩开门进屋，端走新娘的洗脸水倒掉。新娘要给赏钱。取日后生活起居有人侍奉，能生贵子之意。永宁一带开脸分两个步骤，正日子在洞房放一个瓷盘，盘内放一条线和两个鸡蛋，女傧拿起鸡蛋，在新娘脸上滚动一阵，然后拿起线，在新娘脸上比画比画，叫"假开脸"；第二天早上，才真开脸。

闹房和守灯

晚上，宾客散去，要在洞房内摆一桌酒席，请新郎的姐夫、弟、妹等"闹房"。闹房以姐夫为主，想方设法出题目，引逗、揶揄和戏谑新婚夫妇，让大家发笑。长辈和比新郎年龄大的同辈可以坐在一旁看热闹，但不能难为新婚夫妇。闹房时，将新娘从娘家带来的饺子煮至半熟，闹房的端给新娘尝生熟，新娘说"生"，预示新娘很快生孩子，合家欢喜。

守灯是新娘的事。守灯前，把闹房的酒席撤掉，请两位妇女，也要"全格人"，进屋把房门关上，为新婚夫妇铺炕焐被。焐被时要在4个被角内放上枣、栗子、花生、核桃等干鲜果品。被子焐好后，喊一声"进来吧！"等在门外的孩子们拥进屋，上炕，掀开被子抢果品。按其谐音，取其寓意。枣、栗子——早立子，花生——有儿有女、花花搭搭间隔生，核桃——和和美美。

新婚之夜，新娘新郎不能同床。新郎可以上床睡觉，

▲ 新房

新娘则要坐夜守灯。灯是娘家陪送的。新娘要把灯捻得亮亮的，时时为之添油，使之长明不灭，直至天亮，才端到院里，放到窗台上，让其自行熄灭。这盏灯叫"长明灯"，也叫"长命灯"，预示新婚夫妇长命百岁，白首偕老。

新婚之夜的第二天清晨，还有个"翻包袱"的小插曲。新娘的小叔子、小姑子等孩子，在新娘开门后，冲进新房，把新娘陪送衣物的包袱全部抖开，每个包袱里事先都由娘家放进一些零钱，谁抢到归谁。翻包袱的意思是预示新婚夫妇将来有钱花，同时也展示陪送。

真正的新婚之夜是第二天夜晚，所以那些"听房的"——新郎的姐夫、弟、妹，悄悄蹲在新房的窗下，听新婚夫妇说悄悄话。

喜宴回酒

正日子，新郎家要大摆宴席招待来宾，叫"婚宴"或"喜宴"。

新娘家的父亲和亲戚朋友叫"新亲"，母亲一般不

参加女儿的婚礼；新郎家的亲朋好友叫"旧亲"；新郎村里来的客人叫"乡亲"。新郎的父亲是"主东"。这一天主东对所有的宾客是来者不拒。来宾见了主东都道喜说："您大喜啦！"主东回答："同喜，同喜！"

为了准备这场宴席，主东要杀猪宰羊、买菜、借家具、雇厨师，请"落忙的"，提前三天"落作儿"。有的还要请棚匠搭大棚，把一切准备工作做好。

旧亲一般要提前来，帮助主东作准备。新亲都是新娘上轿后，才从新娘家集合动身，一般由主东用马车或牲口接来。新亲来到，也要放鞭炮，有人迎接进家。

前来贺喜的人都要先到"礼账房"交纳礼钱。由账房先生写入"礼账"，以后，给自家随礼的人办喜事，主东也要给人家随礼，叫"还礼"。新娘的父亲叫"正亲家"。新亲的礼钱一般由正亲家一起交。礼账中，正亲家写在第一页首位，其余按辈分排列。新亲记完记旧亲，最后记乡亲。乡亲可以送钱，也可以几家合起来买一件东西，叫"凑份子"。过去，永宁有"借钱随礼凑份子"的说法。

宴席的指挥叫"知客"，知客按顺序安排客人入席。先新亲，后旧亲，再乡亲。新亲一到，宴席就开始。

婚宴的规模可大可小，规格也有高有低，但一般都要开30桌以上，新亲每桌4人，旧亲和乡亲每桌5人。规格有八八席和八六席两种。新亲的招待规格要比其他人高，酒席前还要上茶点。

由于宾客多，酒席分拨开，每拨同时开10桌左右。拨又叫"起儿"，每起儿上第一个大碗时，主东要让一次酒。知客的喊："上大碗了，主东满酒啦！"主东挨桌逐一给客人满酒，而且要每起儿满一次。旧亲和乡亲入席后，上第一个大碗时，新娘要满酒。新娘由婆婆领着，跪在炕沿上，根据婆婆的介绍，是大叫大，是小叫小①，叫罢说："请您用酒。"接着双手捧酒壶，给客人斟满酒。永宁以东新娘不满酒，而在天地桌前叩头。上第一个大碗时，知客的喊："诸位老亲旧友，新媳妇上拜了，叩下啦！"

正亲家下席后要先到厨房谢厨子，给厨师和落忙的开喜钱。新亲喝罢喜酒一般都回去，由东家派车送，待大家上了车，新姑爷要牵着岳父马车的梢子牲口走一段路，岳父要给姑爷开喜钱，叫"领套钱"。

乡亲们吃罢酒席也各自散去，但旧亲一般要住下，连同当家子吃罢第二天的"翻桌席"才离去。翻桌席上，新娘要给每个人叩头满酒，比新郎辈分大和同辈年长的人都要掏"磕头钱"。

新郎家摆宴，新娘家也要摆宴。新娘家的宴席叫"回酒"。

婚后第三天，新郎随新娘到岳父家吃回酒。岳父家要把给自己女儿"添箱"——送陪送嫁妆的亲友请来开酒宴。

新媳妇第一次回娘家也有讲究，或在婆家住4天后，回娘家8天，叫"四平八稳"；或在婆家住10天后，回娘家住9天，叫"十拿九稳"。

和婚礼有关的是婚后的第一个春节，新郎要带新娘给岳父拜年，叫"拜新年"。拜新年时，新郎要给新娘添箱的本家都送糕点，岳父和接受礼物的本家都要给新郎开压岁钱。同样，第一个春节，婆婆也要给新娘开压岁钱。

此后，新婚夫妇便开始他们的日常生活了。

---

①是大叫大，是小叫小：方言。按自己的辈份，将对方的称谓叫全。如大奶奶、二婶子、大哥哥、三妹子、四侄子等，以表示对对方的尊重。

拜堂喜歌

头行歌

正念喜，抬头观，

空中来了三位仙：

长寿仙，月老仙，

后跟刘海撒金钱。

金钱撒在天地间，

富贵荣华万万年。

挽新娘

红绫遮面大吉祥，

黄铜宝镜挂胸膛。

手抓一把粮，

撒在天地堂。

快把新娘挽起来呀，

炮响三声天地开。

路配河配暗三财，

凶神恶煞都回避，

——恭请新亲抱轿来！

倒毡歌

一倒毡，金钱落地，

二倒毡，喜气临门，

三倒毡，招财进宝，

四倒毡，合和二仙，

五倒毡，五子登科，

六倒毡，六合同庆，

七倒毡，夫妻团圆，

八倒毡，八节安康，

九倒毡，九门开泰，
十倒毡，双喜临门。

请新郎

玉女托龙盘，
来到花堂前。
红毡站，金席卷，
卷新人，坐在白龙鞍。
剪二线，戴上冠，
请你姑爷、姑娘、新亲
（白）转请，转请——
一朵鲜花就地开，
请出新郎拜堂来。

拜堂歌

新郎出房间，
步步登金砖。
来到虎堂前，
虎步登红毡。
（白）进步——
一叩首，二叩首，三叩首，平身！
拜过堂，贵人搀，
我与新郎取弓箭。
桃弓柳箭拿手中，
射得凶神无影踪。

挑盖头

新人到门旁，
迈过金鞍大吉祥。

婚姻本是天配就，

富贵荣华乐无疆。

缘分好配已成双，

天仙织女配牛郎。

金童玉女来搀扶，

步步登高上在龙凤床。

秤杆本是圣人留，

轩辕黄帝起根由。

手拿一杆平平秤，

——我与新人挑盖头！

民间舞蹈

永宁人称民间歌舞为"玩艺儿"，也称"花会"。

昔日，永宁有"季季赶会，月月过节"的俗话。玩艺儿是庙会和较大节日庆典活动的一项重要活动。

永宁是个多民族杂处的地区，玩艺儿接受了多民族，尤其是北方民族的文化艺术影响，地域情调浓郁，风格独特，有较高的欣赏和艺术审美价值。

永宁的玩艺儿最迟在 400 年前的明代中叶就很活跃了。

明永乐年间以后，永宁得到大规模的开发和长时间稳定，这种稳定为文化事业的发展和繁荣提供了条件和可能。《隆庆志》载，元宵节隆庆州城内活动非常丰富，要"张灯置会……放焰火，三日乃罢"①。这里所说的"张灯"指的是灯场，"置会"指的是花会活动。

清代的记述对"张灯"和"置会"作了具体解释：

---

① 明嘉靖《隆庆志》卷之三。

"上元节张灯三日……用优人衣冠、器具，扮演各色故事，名为'社火'。先谒官长，呈伎领赏，后遍游街巷，且歌且舞，男女聚观，至十六夜灯火歇后乃罢。"而且"例有灯官，从元旦后即经地方官委署，本城及永宁各一员。置役隶以供设施。上任出示冠带。舆马出入，列杖鸣锣，与职官相似"[①]。这说明，清代，永宁花会更加普及且引人注意。

民国时期，宋哲元的第二十九军的一个营在永宁城驻防，营长姓温。温营长治军有方，约束官兵严格。因为军纪好，与百姓的关系融洽。1933年元宵节，温营长组织了花会上街和百姓一起演出。军队人多，挑选的演员年轻，服装漂亮，道具制作新奇，吹唢呐的是从延庆附近请的，演奏的乐曲非常欢快，一上街就引起了轰动。前面是秧歌，演员扮演鱼、鳖、虾、蟹、蚌、蛙、蛇、蜗牛等八大怪。鳖在前面开路。鳖的道具做得很特殊，用一个圆筐箩绷白布、彩绘，制成鳖的身子，四脚和头、尾用竹篾做架，外面也绷白布、彩绘；脖子是布缝的一个套，套内装一根木棍，木棍一头连着鳖头，一头攥在演员手中，演员推拉木棍，脖子可以伸缩，样子逼真。演员把它背在背上，经常把鳖头伸向路边的观众，引起人们哄笑。后面是旱船、高跷等。旱船道具是用竹子做的，小巧轻便。

第二十九军在永宁花会基础上进行的革新，对永宁花会的发展起了重要作用。后来，永宁地区的旱船道具变小，由一只船发展到三只、九只，秧歌和高跷服装、道具的改进，以及乐队演奏曲牌的变化等，都受到了第二十九军花会的影响。

永宁的玩艺儿经过数百年的创造发展，到20世纪

50年代已经达到相当普及的程度，表演技艺也日臻完美，有了行当分工和各种不同的流派，各品种也都有自己的代表演员。

种类繁多

永宁的玩艺儿分成3类，共22种。

第一类是扮演故事的。这类玩艺儿都有角色分工，在且歌且舞中表演一个故事或故事中的某一情节。第一类玩艺儿有高跷、旱船、老秧歌、秧歌、小车、老汉背妻、怕老婆顶灯、二鞑子摔跤、竹马、跑驴、抬花轿等15种。

第二类以表演舞蹈为主。这类玩艺儿是体现宏大气势或以优美舞姿表达某种情绪的集体舞蹈。有腰鼓、霸王鞭、大头娃娃等3种。

第三类以表演道具为主。这类玩艺儿所用的道具较大，制作也考究，多是人们崇拜颂扬而精心美化的禽兽或者传说中的神灵。有狮子、龙灯和八大怪等3种。表演者通过模拟家禽走兽和传说中的动物，或神奇英武，或机敏灵巧，或驯良可爱的种种神态，传达好恶爱憎的情感。

这3类22种玩艺儿共有多少档呢？估计清代和民国时期不下100档。其中高跷、狮子、龙灯、竹马、旱桥等最有代表性，而高跷的数量最多，几乎占玩艺儿总数的一半。

旱船有一只船、三只船和三只以上船的多种区别。

特点突出

永宁的玩艺儿总的风貌是南北兼容并采的，它的风格和特点可以用以下3句话概括：诙谐有趣，贴近俗俚；粗中有细，刚柔相济；通俗热烈，铿锵有力。

永宁的玩艺儿是群众创作，群众表演的，它所表达的内容的显著特点是贴近生活和俗俚。表演形式不仅活泼，也十分有趣，有着街头巷尾下里巴人的直率和诙谐。

整个表演虽然也有一定程式和套路，但个人动作一般都是演员即兴创造的，无固定的模式。永宁玩艺儿动作的"粗"几乎近于"野"。但又刚柔相济。如高跷小场表现男女相爱时，却又有相依相靠，顾盼有意，眉目传情的"柔情似水"的细腻表演。

伴奏音乐，以大鼓、大镲、大铙、小钹、锣等打击乐器和吹奏乐器唢呐为主。曲调通俗，无论大人还是孩子，一听便理解；再加上打击乐，使整个伴奏不仅节奏鲜明，情绪欢快热烈，而且铿锵有力，富于跳跃性和感染力。

唢呐演奏的曲牌异常丰富，据初步统计，有《老八板》、《句句双》、《柳青娘》、《小番召》、《娃娃乐》等上百首；而且不同的品种伴奏曲牌也有区别，如《老八板》、《句句双》用于高跷和秧歌，而《小番召》和《娃娃乐》则用于旱船。为了充分展示粗豪雄浑、劲健有力和细密柔和相结合的演奏风格，这些曲调的节奏有时很规范，有时又不受固定的节奏限制，显得非常自由。

传统习俗和规矩

玩艺儿的组织叫"会"。会是在群众自愿自发的基础上组织起来的。会的组织和领导者"会头"，不但是活动的积极分子，而且有较高的威信。

灯官，是为管理城镇灯会和玩艺儿会档设置的临时性职务，主要职责是带动和管理春节期间的玩艺儿活动，大年初一上任，元宵节过后自然卸职。灯官，实际上是玩艺儿会档的总会头。据史书记载，旧历大年初一，永宁城的灯官上任，官带齐整，而且可以骑马坐轿，出入专有役隶们列仗前导，鸣锣开道。灯官一来，人们要"肃静"、"回避"，自觉闪立两旁。灯官和职官一样威风而荣耀。

灯官在各路会中有较高的威望，他一上任，各村的会档便群往而就之，春节期间城镇的活动也随之开始了。

永宁玩艺儿，以正月活动最为普遍，时间也长。从正月初一到正月十六日。历时16天，个别的村到二月初二才结束。正月初一到正月十三日为基层活动时间，正月十四日到正月十六日集中到城镇活动。基层活动除本村外，村与村之间还要互相邀请进行团拜活动，并逐渐形成了相关的传统习俗和规矩。

一、送吃的。活动一开始，家家送黏馍馍、豆腐、粉条、白菜之类的东西。演出结束，演员们要集中到"会"上，热热闹闹地吃顿热饭。

二、做红灯。玩艺儿一上街，家家街门外都把新做的红灯点着高高挑起。红灯遍布村寨各个角落，大街连着小巷，这村连着那村，真可谓万家灯火。

三、备茶水。家家门口放上吃饭的炕桌，上面放着茶壶、茶碗。演员一到，都可以喝热茶水。

四、团拜。会档到别村演出叫"团拜"。会头要送上大红帖，中间写上"万事如意"等祝福的吉利话儿。对方接帖后不但要施礼称谢，还要赠送一些礼品，有会档的村还要到前来演出的村回拜。

村里百姓对各种会档的支持直接影响城镇，地方官给赏赐，绅士名流也不落后，沿街大小买卖铺店都有茶水、礼品。

正月十四日前，各村的玩艺儿迎来送往，为元宵节城镇玩艺儿大集会做好了准备。这个集会的时间集中于元宵节前后三天。正月十四日叫"踩街"，意思是把街踩开踩通，为元宵节活动作准备；正月十六日的夜晚叫"熬蜡头儿"，意思是燃完蜡头儿活动即告结束，不再买新蜡了；正月十五日叫"闹元宵"，这一宵闹的主要是玩艺儿。踩街是集会的序幕，熬蜡头儿是尾声，闹元宵才是这个集会的高潮。

旱船

旱船融文学、绘画、音乐、舞蹈等于一身，具有很高的欣赏性和艺术审美价值。

造型独特而精致的道具

旱船道具分 3 个部分，上部是船顶；中部是立柱，也叫船杆；下部是船座。船顶类似明清时期戏楼的屋顶，外面糊白布，绘细瓦，后部有木雕的"二龙戏珠"或"二龙分水"的屋脊。屋顶下有 4 个斗拱，每个斗拱分别由木雕龙头、口衔铁环、下垂红绸绣球组成。

檐下四周糊半透明的白纱。白纱刷水胶和白矾水，

▲ 旱船道具

晾干后进行彩绘。前后彩绘"二龙戏球"、"沧海日出"图案，其余部分彩绘《白蛇传》故事，如"游湖"、"借

夜间走会的旱船

伞"、"盗仙草"、"断桥"等。旱船顶部的画面，一只船有大小画面24幅，三只以上的旱船有18幅。其中人物、山水和花鸟等均为精细的工笔画，形象逼真，色彩艳丽而对比鲜明，整体色调具有浓郁的民间特点，喜庆而热烈，很受老百姓喜爱。旱船的彩绘表现了永宁人的审美情趣和聪明才智。

中间的红漆立柱，连接船顶和底部的船座，也起支撑作用。

船座像一张船形的大桌子，前后微微上翘，下面有四条腿，中间留有演员站立空当，外面用白布围起来，叫"船围子"。船围子上彩绘与水相关的如"金鱼荷花"、"腾龙巨浪"等题材的图案。演员站在中间，挎船祥驾起来表演，休息时可以坐在船座上。

灯，不仅是夜间走会必须使用的，而且也是旱船的重要装饰。船头船尾各摆两盏大红荷花灯，船顶内前后有两排蜡座，每排可插12支蜡烛。夜晚走会时，点燃所有的灯烛，将旱船映照得玲珑剔透，非常漂亮。

旱船主体叫船架子，是用白松木制成的。结构合理紧凑。各个木撑之间都用母铆和公铆连接，公铆粘木胶，安装后用楔子备紧。船底木撑都是寸五见方的木料，非常结实。

据调查，永宁旱船比其他地方的个头要大，造型也独特。

一只船底座长约3.35米，宽约0.8米，高约1.8米，重约40公斤；三只以上的旱船，每只船底座长约2.30米，宽约0.70米，高约1.8米，重约20公斤。

永宁地区冬季风大，这种旱船因为底盘较重而不易被风吹倒，跑起来也平稳。

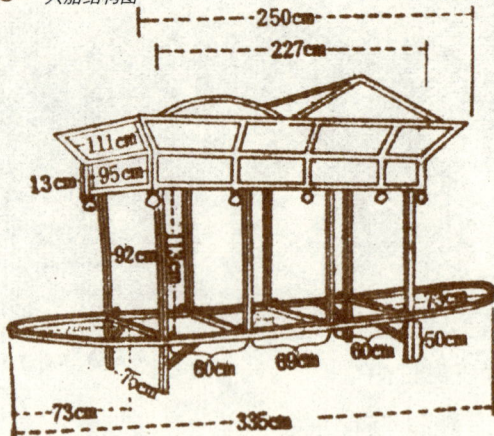
一只船结构图

永宁人讲究"四平八稳"。平稳，是永宁人希望得到的社会和家庭生活环境。

生动感人的表演故事

永宁的民间舞蹈讲究"扮演各色故事"，旱船表演的是《白蛇传》中《游西湖》的故事，故事情节本身就非常引人。

利民街的九只船还表演过《梁红玉抗金兵》、《小刀会》、《红灯照》等故事。

丰富的表演技巧和套路

永宁一只旱船的表演有三个演员，前面的旦角饰白娘子，后面的生角饰许仙，另有一个演员饰艄公。

永宁旱船虽然船体自身动作不多，但充分发挥了它船体较大较重的优势，以表演套路多和快、稳、漂而见长，讲究旋转技艺。

快，演员上身直立，双腿夹紧，双膝微屈，步幅小，但频率很高，船行急如梭，快如风。

稳，行进中船体不摆不晃，给人以水平如镜，船行如滑的感觉。据老艺人介绍，他们跑船，船头放一碗水，也不会洒出来。

漂，旱船重达几十公斤，但跑起来却如一叶轻舟似的轻盈而欢快。

▲一只船的演员和演出

转，是旱船非常重要的技艺，船大而要旋转自如。一只船要有顺时针和逆时针两种转法。多只船的旋转变化就更加多，有单转、双转、三人转、自转加周转等。

永宁旱船的表演套路非常丰富，除开场和结束要有圆场和拜四方之外，中间还有扎篱笆、卷蜡、二龙出水、盘肠带葫芦、五葫芦、八葫芦等30多个。

历史上，战争和自然灾害曾经给永宁带来无穷的

▲ 旱船的自转和周转

灾难，圆满和幸福一直是永宁人祖祖辈辈的追求和向往的目标。跑圆场和各种旋转，都为了表现圆满；葫芦是"福禄"的谐音，各种葫芦的套路，表现了永宁人对幸福的追求。

艄公是一个丑角或红面白须船家，他手持木桨，指挥旱船往复跑动。

三只以上的旱船，有的没有艄公，要靠饰白娘子的演员作为头船引导指挥。

永宁旱船虽然有一只、三只和多只的区别，但对表演的要求都很高，总的风格也是一致的，那就是具有"兼南带北"的特点。

三只旱船三个演员，不但要驾船在迂回往复中穿

▲ 多只旱船表演

插跑动，而且要有眉目传情的细腻表演，要将观众很快带入特定的故事情节中去。而涌舟和转舟又表现了北方的豪壮气势。涌舟要在急行中骤停，同时船头翘起，又快速低落。紧接再急行，表现船顶风破浪的情形，而转舟则表现船进入旋涡时的情景。

与众不同的音乐伴奏

音乐伴奏是旱船表演的半台子戏。旱船的吹打乐伴奏非常热烈而激动人心。乐器有唢呐、笙两种吹奏乐

器，和大鼓、大钹、大镲、小钹等打击乐器，以唢呐和大鼓为主。

曲牌有《将军令》、《得胜令》、《娃娃》、《寿星花》、《三盛意》、《小磨房》、《小钉缸》、《小番召》、《句句双》、《老八板》等百余首，同时还吸收了一些地方民歌小调，如《二月二龙抬头》、《要嫁妆》、《送情郎》、《打骨牌》等。每个唢呐艺人根据自己的喜好熟练掌握十几首到几十首曲牌，即兴变换吹奏。

吹打乐队和表演配合十分默契，演员要听乐队的演奏表演，而乐队要看着表演的套路和演员的情绪进行演奏。一个曲牌伴奏一套程式或套路，根据演出需要，打击乐在一个程式或套路表演结束时要"刹鼓"。刹鼓，也是为了提示演员，一个演出段落结束。刹鼓连接新的起鼓，唢呐和笙即换成另一个曲牌，旱船也演出另一个套路。

所有曲牌演奏的节奏都很欢快热烈而又变化自如；曲调高亢，演奏粗犷豪放而又连贯优美，具有强烈的地域特色而激动人心。老艺人们说，听到吹打身子不自觉地跟着扭，脚下就想跟着跑，那是曲子催的。

△ 乐队

旱船曲牌的演奏，实际是唢呐和其他乐器灵活自如的配器演奏。唢呐和其他乐器节奏都比较自由，有时唢呐是 2/4 拍，大鼓却出现了 3/4、4/4、5/4 拍节的伴奏，不但整体节奏一致，而且曲调的轻重缓急变化更加丰富，也更容易调动演员的情绪，非常适于旱船的表演。

竹马

永宁镇南关村的竹马是根据《昭君出塞》的故事编创出来的，表演的是汉室送亲，匈奴迎亲一路行进的情形。

舞蹈的角色有16个，过去均为男性演员扮演，现在旦角改为女性演员了。16个角色出场和队列顺序分别为：头马、护卫2人，王昭君、侍女2人，"送亲侯"2人，兵丁6人，"迎亲侯"2人。16个演员分别骑乘竹马或竹骆驼前呼后拥，组成了一支浩浩荡荡的迎送亲队伍，迤逦前行。

▲ 南关竹马

道具在表演中占重要地位。竹马用竹篾扎制骨架，骨架外糊纸彩绘，基本色调有红、白、灰、黄四色。马身长约1米，宽约43厘米。马身中间有方孔，方孔的四角各拴一根15厘米的细绳，端头拴一个小木拨吊。演员站方孔内，把小木拨吊别在腰带里，使上身与竹马

"靠腿子"衔接在一起。马身下部用两块"布围子"围上，前后分别画出马的前腿和后腿。马鞍，即方孔两侧各下垂一块双层布缝制的布块，上绘制纫蹬跨马的腿脚，称"靠腿子"。

竹骆驼和竹马的制作及装饰类似。为了耐用，现在，竹马都糊布彩绘了。道具是一件工艺品，样子十分逼真。

▲ 竹马道具制作

表演时，演员跨上竹马或竹骆驼，左手执缰，右手执马鞭，好像骑在竹马或竹骆驼上。王昭君骑红马，其余演员骑其他颜色的马或骆驼。

演员根据不同角色装扮。王昭君凤冠霞帔，冠上插雉鸡翎，脖子上围狐尾，扮相端庄俊俏；"送亲侯"头戴纱帽，身穿官衣，戏剧小生扮相；"迎亲侯"头戴红缨帽，穿紧身上衣，背搭一双狐尾，手持云帚，骑竹骆驼，戏剧丑角扮相，护卫和兵丁均短衣打扮，悬腰刀。

表演时，演员做出乘骑的样子，追逐奔走，演员上身保持直立，双腿微屈，脚下快而稳。女角步履轻盈，男角步子刚劲，唯"迎亲侯"脚步一瘸一拐，摇摇摆摆，表现得滑稽幽默。

整个表演以简单而统一的上身动作为主，即边奔跑，边甩动马鞭、云帚，同时上下左右晃动马和骆驼头颈，跑出丰富多彩的套路，即阵图。有"一字长蛇阵"、"二龙出水阵"、"四喜阵"、"五雷阵"、"六合阵"、"七星阵"、"八门金锁阵"、"九曲黄河阵"、"十面埋伏阵"等10个套路。其中，"七星阵"和"十面埋伏阵"已失传。

音乐伴奏的乐器和高跷近似，根据表演套路的起始和结束变换曲牌，唢呐演奏视演员情绪而即兴发挥。开场和结尾演奏火爆热烈，中间节奏则时起时伏。唢呐演奏常用花舌和滑音等技巧，曲调高亢而遒劲，具有浓郁的北方民间特点。

龙灯

永宁镇西关村的龙灯有两条，每条长30米，16节连在一起，每节下安装木柄——也叫"龙爪"，供演员双手举起耍动。内有竹片绑成的骨架，轻便而结实；外有纱布绷糊的龙衣，其上彩绘鳞片。前有龙头，活灵活现地逼真，后有龙尾，短而俏丽。

▶ 二龙出水

龙灯套路很多，有二龙出水、二龙戏珠、金龙盘玉柱，还有蛰伏、翻滚、腾跃等。夜晚的龙灯最好看。龙身内从龙头至龙尾每节都点燃蜡烛，将长龙照耀得通体透剔明亮。16个演员在乐队紧促而连贯的鼓乐和唢呐伴奏中，配合娴熟默契，由龙头带领，在奔跑跳跃中完成各种套路的变化。演员把两条龙变成了生龙，时而飞升，时而下降，时而飞驰，时而徜徉，而且龙身内的蜡烛不倒不灭，所以，西关耍龙灯的全是有力气、身体灵便的棒小伙子。

据老艺人说，西关的龙灯由明代移民自带来的，到了清代名气就大了。当年，李莲英曾经把南关的竹马、阜民街的狮子和西关的龙灯举荐给慈禧太后看。慈禧太后看了非常高兴，分别赐予 3 档花会杏黄龙旗和赏钱。

▲ 金龙盘玉柱

老秧歌

老秧歌为花会稀有品种，延庆地区仅存有 3 档。据老艺人说，太平街的老秧歌是依据一个传说编排的。

永宁城建于 578 年前。建城前，有终食屯村坐落在城市规划内；建城时，将其围在永宁城内。所以，永宁一直有"先有终食屯，后有永宁城"的说法。

据说，终食屯是唐代建的。唐代武则天执政时期，为了排斥异己，把一个太子和一些与自己政见不合的老臣发配到现在的永宁地区，建起了一个村落，起名"终食屯"，意思是到终了也不许他们回京城和原籍。太平街的老秧歌就是依据这个故事编排的，表演的是这些人被发配，沿途行进的情形。

太平街老秧歌演职人员共有 29 名，其中 24 人为演员，5 人为乐队。演员在场内表演，领头的是两个头戴弯顶毡帽，手拿铜锣，为开道的差役；其后是一个须发皆白的老者，身穿黄衣，肩扛黄绫伞，为犯臣；再后是一个头戴方巾，身穿蓝绣花袍的壮年美髯男子，为武则天的儿子；他们后面是 10 对身穿各色彩衣而佩戴相同的青年，他们扮演的是被流放人的家眷，还有跟随押送的军人等。

太平街老秧歌个人表演动作不多，主要是用小碎步在进行中表演各种套路，所以套路较多，有"单葫芦"、"双葫芦"、"十字葫芦"、"扎篱笆"等 10 多个。

音乐伴奏分两部分：一是男演员斜挎腰鼓，女演员手拿手锣，边舞边自我伴奏；二是为了增加气氛，

▶ *太平街老秧歌*

场地之外另有大鼓、大镲、大铙、大锣为之伴奏，表演时反复击打一首打击乐曲。

历史上老秧歌的地位很高，据说是戏剧的宗师。旧时老秧歌经过戏楼前，正在表演的戏剧要刹台，班主要下台请老秧歌上台表演，被谢绝或表演之后，戏剧才能继续演出。

高跷

高跷道具制作简单，携带方便，个人表演灵活，而且由于增加了演员的高度，类似一个流动的舞台，很受演员和观众喜爱，历史上曾经是延庆花会中数量

最多的品种，兴盛时期达百余档，而且由于分布地域和传承关系不一样而形成了不同的表演风格和派别，有逗跷、走跷和跑跷三种。

永宁地区的高跷属于走跷。走跷的音乐伴奏较平缓、优美、流畅；演员按照音乐的节奏，步伐动作一致地轻缓行进，个人动作舒展大方，洒脱柔美，特别注重腰胯的扭动和手臂的伸展，并突出集体的套路变化和协调。走跷也有小场，但表演不以小场为主。

东路音乐

追本溯源

民国时期，保留和流传于永宁的音乐有两大类：其一是宗教音乐，即佛教、道教和天主教音乐；其二是流传更为广泛的民间音乐。永宁古称东川，民间音乐在延庆被称为"东路音乐"。

历史上，永宁的宗教事业很发达，有文字记述的庙宇产生于1500余年前的北魏时期，寺庙产生于1000余年的唐代。宗教事业和宗教音乐是伴随着寺庙的出现而出现的，由此可推测，永宁的寺庙、宗教和宗教音乐在1000多年前的唐代就已经产生了。因为永宁的寺庙在延庆地区出现最早，也由此可知，永宁不但是延庆宗教文化的发祥地，也是延庆民间音乐的发祥地。

佛教音乐主要用钟、磬、木鱼、笙、管、笛、箫、云锣、大钹、大镲、大铙、鼓等乐器演奏。道教音乐使用的乐器与佛教近似，只是乐曲不同。

20世纪50年代以后，永宁所有寺庙的房地产全部充公，僧、道全部遣返原籍还俗，宗教音乐中的佛教和道教音乐全部失传，保存下来的只有天主教音乐，每年4月、5月、6月、8月、12月举行占礼活动时演唱。

东路音乐流传极为广泛，其中为民间舞蹈伴奏的曲牌，是妇孺皆知的，影响非常大。

东路音乐的起始时间应不迟于宗教音乐的出现时间。根据地方志关于民间舞蹈活动的记述，我们可以推测，至少在四五百年前的明代就已经很普及了。

东路音乐主要是吹打乐，使用的打击乐器有大鼓、小鼓、大钹、小钹、大镲、大铙、疙瘩锣，吹奏乐器有唢呐、笛子、笙等，其中以唢呐最为重要，民间音乐实际上是诸多乐器为之伴奏的唢呐独奏曲。

东路吹奏乐的曲牌非常丰富，目前我们知道的有上百首，可惜大多流失。

这些曲牌分三类：第一类是花会伴奏曲牌，第二类是喜庆曲牌，第三类是丧事曲牌。

民间花会伴奏曲牌主要有《老八板》、《句句双》、《娃娃乐》、《得胜令》、《将军令》、《三盛意》(《鬼拉腿》)、《小磨房》、《小钉缸》、《要嫁妆》、《落叶黄》、《绕曲弦》、《老秧歌》、《满堂红》等。

喜庆曲牌有婚庆、寿诞和乔迁3种，婚庆曲牌主要有《朝天子》、《大过场》、《扎马腿》、《玉芙蓉》(拜天

永宁

地用)、《花得胜》、《大开门》、《喜调柳青娘》等。

寿诞曲牌主要有《寿星花》、《千万寿》、《万年花》、《寿堂》等。

乔迁曲牌有《地点头》、《百路行》、《八条龙》、《过场》等。

另外还有丧事曲牌，其中有的是丧事整个过程中通用的，如《大工调小开门》、《拿天鹅》、《哭幡儿》、《句句双》、《悲调柳青娘》、《苦相思》、《扬五调》、《梅花调》等；有的是专用的，如送路用《送路曲》，烧纸用《三鬼转》，开吊用《悲调句句双》，走祭用《东方亮》、《拜水莲》等，跑方用《细分枝》等。

传统的唢呐演奏受东北、山西和河北的地方音乐影响较大，演奏风格粗犷而豪放，音调高亢而嘹亮，音色纯正而刚劲，力度很强而富有弹性。

东路派

历史上，延庆民间音乐非常发达。由于接受不同地区影响，师承关系不同，地域性不同，从而形成了不同的派别。到民国时期，主要有西路派、中路派、东路派三大派系。西路派流行于康庄镇以西地区，中路派流行于延庆镇周围地区，东路派流行于永宁地区。艺人们各有各的曲牌，各吹各的调式，各用各的技法，各自表现各自的演奏风格，各有各的影响区域，听听唢呐演奏，就知道进入了哪个地区。

西路派接受山西地方音乐影响较大。创始人是康庄镇榆林堡村的赵占利。曲牌多以"乙"字调为主，即多以"5"作为基调，演奏时多以唢呐筒音作"5"，使用唢呐的8个眼，中间可以变调或转调。演奏音色刚柔相济，曲调连贯流畅，首尾衔接自然。其中"梆腔"也称"卡戏"的许多曲牌和演奏方法均来自晋剧。

民风民俗

中路派受河北地方音乐影响较大。创始人是延庆镇中屯村的刘继存和东关村的支树林。中路派的表现手段、演奏风格，和西路派迥然有别。

一是调式不同。东路派曲牌多为"大工调"，即以"6"为基调。

二是指法不同。东路派多用唢呐的六个半眼，以其筒音作"4"，用 D 调唢呐演奏 C 调曲牌。这样的指法非常独特，因而产生了与西路派截然不同的特殊的音乐效果。

三是音色不同。中路派吐字响亮、干脆，讲究音质实在而圆润。曲牌演奏节奏强烈，富于跳跃性而抑扬顿挫分明，而西路派则追求乐曲的流利通畅。

东路派的形成有近百年的历史了。第一代创始人是永宁城内三位有名的唢呐演奏老艺人，他们是阜民街的吕曹元、利民街的杜全德和王义臣。第二代传人是张连存。第三代传人是常俊岭。三代艺人在继承传统的演奏技法的同时，不断探索创新，发挥了气颤和打指、气滑和指滑相结合的技巧，注意表现曲调的内在情绪，追求曲调的韵味，吐字清晰，曲调委婉、圆润而连贯流畅，形成了东路派柔美精巧的演奏风格。

东路派的唢呐演奏风格和中路派有相近的地方，

▶ 东路派鼓乐班

称之为"借孔",吹奏以"5"作为基调的"乙"字调。上述情况表明,东路派吸收和借鉴了西路和中路两派的一些演奏方法。

东路派的影响以永宁镇为中心,辐射面也很大。近年来,在第三代传人常俊岭和庞淑贵、庞淑文等人的影响下,唢呐艺人日渐增多,仅永宁地区就有50多人。

方言俚语

坐落在延庆县中心的永宁,方言俚语一直是延庆地区的"官话"和"通语"。

永宁是个多地区多民族语言融合的地区,方言俚语接受了多方面的影响,又经过长时间的历史筛选和沉淀,形成了独具特色而又丰富鲜活的语言特征,并在延庆地区产生了广泛影响,以永宁为中心,向四周辐射展开数十公里。

低声慢语

进入永宁地区的外地人,立即就会被一种熟悉而又陌生语音声调所吸引。熟悉,是因为永宁的乡音是近似于北京话的北方语言,一听就懂;陌生,是因为那语调与北京话又有细微区别,而且语速较普通话也缓慢一些。总的特点是"低声慢语",给人以亲切和缓的感觉。

研究表明,永宁地区的语音和普通话比较,其总体声调绝对值偏低。虽然和普通话一样有阴平、阳平、上声、去声4个音调,但不同的是有许多字音的声调与普通话对应有调类错位现象,部分字还有古入声字,一些老年人的个别读音还有"短促急收藏"的现象。

永宁方言的声母比普通话多两个,为23个,增加了声母舌、唇、鼻辅音ng[g](π)和声母唇、齿、浊、擦辅音v[v](万)。

韵母，有36个，其中单韵母10个、复韵母13个、鼻韵母13个，比普通话多了4个。

由于上述原因，永宁乡音就让人感到既熟悉又陌生了。

词语特点

永宁的方言俚语与普通话比较，遣词造句都有些区别。

永宁的方言俚语词义非常有特点，主要表现在以下几个方面：

1. **一词多义**。比如"阴叉叉"，可用于形容天阴得很厉害："瞧，天阴叉叉的，要下雨了。"可用于形容脸色恼怒："一进门，脸就阴叉叉的吓人。"可用于形容屋内阴暗而潮湿："那屋子阴（yìn）叉叉的，没人愿意住。"可用于形容树木密而树荫遮得晦暗而寒冷："那片树林，进去阴（yìn）叉叉。"也可用于形容阴森、恐怖："一进阎王庙大殿，就觉得阴叉叉的。"

2. **一义多词**。如"打腰阶儿"和"点吧点吧"都是指办喜事的忙活人中间吃东西；如用于比喻或形容说话、办事不着边际，可用"胡砍滥凿"、"瞎打滥凿"等；又如"愣瓜杵"、"愣半膘"、"愣大爷"等，都可形容青少年办事莽撞；再如"胡打溜（liù）野"、"糊弄（hù neng）"、"弄糊"、"蒙糊"等都表示干活不认真；再如"打哈哈"、"闹哈哈"、"逗哈哈"等词语，指开玩笑，类似说"逗着玩儿"。"你甭拿俺逗哈哈，凭人家那模样能嫁给我！"此句话中的"逗哈哈"一词换成前两个词也可以。永宁的方言俚语中，类似的同义词和近义词很多。

3．一些名词词语分工很细，指向非常具体。如绳子从细到粗就有：纳底绳、捆口袋绳、豆绳、单细绳、大绳、押车绳等，指定要拿的绳子绝对不会错。如猪从小到大有：奶光（猪仔儿）、克拉（较大的待育肥的猪）、肥猪、母猪（专指下崽的雌性猪）、公猪（专指雄性种猪）等。

4．词性变化。有的动宾词组变成名词化使用。如"打馈馏"、"拨疙瘩"、"炉白薯"、"熬酸白菜"等都是饭菜名称；"纳底子"、"打坷垃"、"砍高粱"、"掐谷子"等都是活计的名称。

有的动宾词组和象声词可以作形容词使用。如"磨豆腐"，形容说话反反复复；又如"那道，呼哧呼哧的不好走"中的"呼哧呼哧"一词形容泥泞。

"喊哩喀喳"用来形容说话、办事干脆、利落，不拖泥带水等。

5．语气助词的作用非常重要。一些名词、形容词后常常缀有语气助词，表示强调，从而使表达更生动。例如："那个道泥了吧唧，没法走。"其中，"吧唧"两字强调道路泥泞。再如："地里泥了吧唧的，啥也干不了。""吧唧"两字是强调地里泥水多。

"枯皱（chū）吧嗒"是用来形容褶皱多的。如："俺这张枯皱吧嗒的脸还给谁看！"再如"那衣服团弄得枯皱吧嗒，咋穿？"这里的"吧嗒"不是象声词，它和前面的"吧唧"，以及后面的"格唧"的作用很近似。

"寒碜（chen）格叽"的"寒碜"是用来形容长相或穿着不好，以及觉得不好意思的，而"格叽"则是强调"寒碜"的。例如："穿那身衣服寒碜格叽的，咋出门！"又如："他那个寒碜格叽的样儿，俺相不中。"再如："寒碜格叽地带那么点儿东西，多让人笑话！"

6．一些特殊的词类。这些词类包括名词、动词和形容词等，有些看似普通的词语，但意义很特殊，听不懂就会产生歧义，甚至出笑话。

较为特殊的名词有：大爷是普通话的大伯。伯伯（bǎi）是叔叔。姑娘，姑妈。妈娘：奶妈。锄搅（jiàng），锄把。蛐蛐儿（qú qùr），蚯蚓。蟒羔子、长虫，蛇。蛇头溜子，蜥蜴。蛇鱼钻，泥鳅。格档（gé dàng），高粱秆。棒子秸，玉米秆。山药，土豆。白薯，红薯。甜瓜，香瓜。胡椒，辣椒。老鹞鹞（yào），老鹰。黄黄露子，黄鹂。大家贼，麻雀。伏令儿，知了。老爷儿，太阳；后头爷，月亮，等等。

乎揽儿，是一个方位词，也用来形容面积小。如："甭看我那一小乎揽儿地，还打了三斗豇豆哩！"意思是说："不要说我那块地面积不大，还收获了三斗豇豆哩！"

比较特殊的量词有"圐圙（kū chú）"，特指袋子里的东西不多，不够少半袋的。

"拃"、"庹"、"搂"，均为长度单位。"拃"，指拇指和食指伸开的长度。"庹"，指双臂伸展的长度；若测量圆形物体就叫"搂"，如："那棵树足有3搂多粗"；"把"，5头骡子的专用量词。

抽象名词"思想"，可以作为动词用，用ABAB的重叠方式，就成了"思想思想"，意思是考虑考虑。

几个特色动词："扯"、"瞭瞭（liào）"、"机密"、"捋（lǔ）"、"奶"等。扯，意思是跑。瞭瞭，看看。机密，也作"几弥"，"密"读轻声，兼作形容词，意思是完毕、结束、完成，或清楚、明白。捋，敲打、抽打。如："捋他两棍就老实了。"奶，追肥。

两个特殊的形容词："奶（nāi）"和"熬甚（shen）"。奶，常用在形容白颜色后面，表示色彩不正常。如："你瞭瞭，那脚让水泡得白吃格奶的。"若用于形容面色白而不好看或东西细碎、不结实，常用"糟巴奶"一词。如：

"她那个糟巴奶的脸，一点儿也不好看。"又如："那砖头糟巴奶的，一碰就酥吃格裂（liē）地碎了。"

熬甚，意思是不干净、不卫生、脏。如："听听她那名声，俺懒得理她，嫌她熬甚！"再如："手脸不洗就吃饭，不知道熬甚！"

用得频率很高的是疑问代词"啥"的变音，延庆附近读"shuàr"，即"刷儿"两字快读；永宁地区读"wànr"，即"万儿"两字快读。所以，延庆地区就有了"延庆的'刷儿'，永宁的'万儿'，康庄的'大杂拌儿'"的话，概括永宁和县境内不同区域语音的主要区别。

"shuàr"和"wànr"如何写？延庆有个顺口溜："一点一横长，言字顶房梁；你扭我也扭，你长我也长；心字底，月字旁，中间坐个马大娘，金钩挂衣裳。"这个字如何写？看看图片才明白。

这个太难写了啦！所以有专家建议，写成上面是"什"，下面是"么"，组合成一个会意字。

口诀

一点一横长，言字顶房梁。
你扭我也扭，你长我也长。
心字底，月字旁，中央坐个马大娘。
金钩挂衣裳。

▲ **wànr** *字的写法*

⊙ **民风民俗**

形成因素

专家认为，永宁地区方言土语形成的因素很多，也较为复杂，但这些因素都和永宁所处的地理、人文环境，以及永宁的历史进程密切相关。

永宁虽然处于三面环山，形势险要闭塞，但又是西北和北方联系京城以及中原的必经之路。历史上，战争频繁，南来北往和流动迁徙的人不断。永宁地区的语言变化很大，到了辽代之后，永宁地区才相对稳定下来，地方语言才逐步形成。辽金元三代是永宁地方语言形成的雏形阶段；明代是集永宁地方语言之大成，使之基本定型的阶段；清代是永宁地区语言发展的丰富和巩固阶段。

为什么说明代是永宁地方语言集大成阶段呢？那是因为元末明初永宁地区行政建制撤销，地方荒芜，基本没有人烟。明成祖定都北京后，决定对永宁地区重新开发。于是，负责官员很快到位，大批军队、移民很快进入。自永乐十一年（1413年）起，仅20年时间，永宁地区发生了巨大变化而成了经济发展较快、社会较为稳定的地区。这期间先后进入永宁地区的人，就成了永宁地区的主体居民，他们的语言也就成了地方主体语言。因此，永宁地区的方言俚语很快得到传播、发展而基本成形；清代，虽也有大量满族人、蒙古族人和东北籍汉人迁入，但到康熙八年（1669年）后，人口就相对稳定了。那个时期的移民虽然数量也不小，但相对于原有的居民来说，比例还是很小的，而且不是原有的基础居民，只是作为客体进入的，因此，他们的语言也就不占主导地位，只是一种"入乡随俗"的融入和结合。所以说，清代只是永宁地区方言俚语的丰富和巩固阶段。

今天，我们听到永宁的方言俚语还保留一些古代语音，一些词汇在元杂剧和明清小说中可以看到，是上述总体发展进程的佐证。

从永宁地区的方言俚语的发展过程看，明代是其发展速度最快，也是最重要的基础阶段，直接原因主要有如下三个。

第一是军事因素。明代永宁地区有大量驻军，这些军人多来自河北、山西、陕西，以及中原和江浙一带，大多在地方驻守和屯垦多年，有不少人后来就定居在当地了。如前文提到的永宁望族之一的胡氏家族的祖上胡维，籍贯在河北滦县，原是明代驻守永宁隆庆左卫都司，后举家定居在永宁而成了永宁城内的望族。这些人不可避免地把他们的口语带到了永宁。如，"瞭瞭"一词是从"瞭望"一词演变而来，意为看看。把边瞭哨，转变其意义，多指居住在村边。其他如"上阵"转义为操心，"乱营"转义为秩序很乱，"闹营"转义为小孩吵闹、不听话，"揭营"转义为制止睡懒觉而掀被子，"一股狼烟"转义为屋里柴烟很大或野外忽然扬起的烟尘，"扯"由"撤退"之"撤"字变音，转义为跑等。可以看出，上述词语无一不具有明显的军事色彩。

第二是移民因素。明代，除大将徐达所部以江淮人为主的部队留驻延庆、永宁一带外，永乐年间的1403年和1424年，由苏皖和山西两次大规模移民定居延庆、永宁。

移民中还有一批被贬谪的官员。这些人的籍贯分布很广，他们和他们的家眷都有较高的文化素养，和地方官员过往较多，对地区影响也很大。他们带来各地的语言词汇，很快就融入了地方语言，对丰富延庆、永宁一带的地方语言起了较大作用。

第三是地方官吏的影响。明代，永宁隶属于隆庆州（今延庆）。州、县两级官吏几乎全是外埠人。据明《隆庆志》记载，明代在隆庆任知州的前后有35人，在永宁任知县的有28人，州署、县署之下的官吏，从州同知到吏目、仓大使等121人有名字记录，除1名法医兼民间医生和管理宗教的3名僧正司是本地人外，其余全是外地选派来的。另外，州县以上，曾在本地任职的有经略大臣1人、巡抚36人、巡按138人、分守参议6人，分守佥事16人，共197人，也全部为外地人。前后70年，进出延庆、永宁的文职官吏多达300余人，这可不是一个小数目。这些官吏在带来外地信息、文化的同时也带了外地语言①。

部分老永宁日常用语和普通话对照表

永宁话	普通话
1.大早起，干啥儿（wànｌ 快读）去了？	一大早，干吗去了？
2.薅那两垄破棒子。	薅那两垄赖玉米。
3.怪不得弄（nòu）得泥猪疥狗的！	怪不得弄得像泥猪疥狗似的！
4.熬甚吗？	脏吗？
5.还不熬甚呀！目鼻子带脸都是泥。	还不脏呀！满脸都是泥。
6.抹撸（mū lù）两把不就得了。	随便洗洗不就行了。
7.洗了也是满脸枯出褶子！	洗了也是满脸皱纹！
8.你嫩面，不洗也像个粉面拉擦的大姑娘！	你年轻，不洗也像个脸蛋粉红的大姑娘！
9.再胡吣，扇肿你的嘴头子！	再胡说，打肿你的嘴巴！
10.哟，大清早，俩人鹆架呀！	哟，大清早，俩人打嘴架呀！
11.你闺女高呱呱的个儿，眉眼儿也好看！	你闺女细高的个儿，眉眼儿也好看！
12.咳，找了个山和拉的，怄心哪！	咳，找了个山沟的，怄心哪！
13.听说你女婿包了挺大一块山坡地，种了好些树，趁钱，乎囊乎囊地花不完。	听说你女婿包了挺大一块山坡地，种了好多树，有钱，那钱多了去了。花不完。
14.俺那个孙子睁眼就兔头瞎眼地拾猴。	俺那个孙子睁开眼就惹人讨厌地瞎折腾。
15.刚上来的小葱，一会儿让他拔得秃欻欻的一根也不剩。	刚上来的小葱，一会儿让他拔得光秃秃的一根也不剩。
16.甭跟俺说说话牙个滋儿牙个滋儿的。	别跟俺说话美个滋儿美个滋儿的。
17.敢是你孙子孙女都有！俺哩，就俩孙女！	敢情你孙子孙女都有！我哩，就俩孙女！
18.不论男女，灵就好。要是一个个磁目瞪眼的，多了也不中用！	不论男女，聪明就好。要是一个个呆呆傻傻的目光迟钝，多了也没用！
19.做功课要快当，慢吞吞地把红夫都误了。	做功课要迅速，慢吞吞地把时间都耽误了。
20.你当小孩子容易！放学就忙乎，连那口饭都不搁正经地方下去！	你以为孩儿容易！放学就忙开了，连那口饭都不从正经地方下去！
21.可不是嘛！再这样闹腾下去，准一个个黄皮寡瘦的。还真让人揪心。	可不是嘛！再这样折腾下去，肯定一个个又黄又瘦的。还真让人担心。
22.书念完了，找个事儿也不易。	毕业了，找个工作也不容易。
23.眼下农村也不赖。撽（nòu）好了，照样过好日子。不成，就回来。	眼下农村也不错。闹好了，照样过好日子。不行，就回来。

① 《方言俚语》部分基础材料源于朱学元《延庆方言的特色及成因》，文载《北京文史资料精选·延庆卷》和金刚、昆山等著《延庆方言》一书。

永宁话	普通话
24．夜儿个，咱们这儿闹灾了。	昨天，咱们这儿闹灾了。
25．大冷子跟鸡蛋似（shì）的，下了一晌。	大冰雹和鸡蛋差不多，下了一中午。
26．要是下在成山背后，没人的地界儿就好了。	要是下在多年的老山背后，没人的地方就好了。
27．也不机密多大地方受害。	也不清楚（知道）受灾面积多大。
28．上头来人嘹了，正组织救灾哩！	上级来人看（视察）了，正组织救灾哩！
29．入秋了，还敢挽（miǎn）齐沟过河？	入秋了，还敢把裤腿挽到大腿根儿过河？
30．水还不太凉（bá）。	水还不太凉。
31．做（zòu）嘛的，宁可绕几步道也不脱鞋拉袜子过河。	一般人，宁可绕点儿远儿也不脱了鞋、袜子过河。
32．你大爷在不？	你大伯在不？
33．俺大爷拉地去了。	我大伯锄地去了。
34．你伯伯（bǎi）干啥儿（wànr快读）去了？	你叔叔干吗去了？
35．我伯伯（bǎi）拾掇菜地去了。	我叔叔平整菜地去了。
36．你一担儿挑哩？	你姐丈（妹丈）呢？
37．那（nèi）个猾里格唧、鬼三化四的。说瞎话曩（nǎng）鬼话便宜（biàn yi），知不道他逛荡到哪儿去了。	那个人小聪明，滑，说话靠不住，说谎话随口就来，不知道他游荡到哪儿去了。
38．那块石头太大，咋抻（chěn）劲也搙（nòu）也搙不出来。	那块石头太大，怎么使劲也弄不出来。
39．用杠子拗（eǎo快读）呀！	用木棍往出撬呀！
40．嫌面条淡了呱唧，握（wō）咕嘟子酱，调和（hù）调和就够咸了。	面条淡，用筷子弄点儿酱，调和调和就够咸了。
41．咋着？穿得光眉（mò）净（zèng）眼的，相媳妇去呀？	怎么样？穿得干干净净的，相媳妇去呀？
42．弄（nòu）得熬甚吧唧的，多寒碜！人家扫一眼就够，准秃噜！	穿得脏了吧唧的，多寒酸，人家看一眼就够了，肯定一下就不行啦！
43．瞧你那德行，见了老丈母娘木个愣怔的，给人家摆肉头阵呀，平常的机灵劲儿哪儿去了？	瞧你那德行，见了老丈母娘像根木头戳着，不说话，平常的机灵劲儿哪儿去了？
44．头回见面，姑娘羞羞惭惭的。	第一次见面，姑娘羞羞答答的。
45．你小子穿得咯整整（zhēng），充啥（wànr快读）人影子？	你小子穿得又整齐又干净，充什么人样子？
46．啥（wànr快读）都往回家霸敛，不斤不离儿就得了。	什么都往回家抢着搂，差不多就行了。
47．前两天俺找你，挨自帮儿打听，谁也不知道你钻到哪儿去了，原来住了医院。咋着，没事儿吧？	前两天我找你，一个个挨着打听，谁也不知道你躲到哪儿去了，原来住了医院。怎么样，没事儿吧？

永宁话	普通话
48. 小毛病，白不咋（zǎ）。	小毛病，没事儿。
49. 快点儿吧！再打个呆儿（dè ner 快读）就误操（chāo）了。干啥（wànr快读）事儿都皮颠颠！	快点儿吧！再过一会儿就超过时间，晚了。干什么事情都慢条斯理地不着急。
50. 儿来赛（sāi），一年挣那么多！	哎呀呀，一年挣那么多！
51. 你当过去哩，老板白不拉搭就把人打发了。	你当过去呀，老板白使人，一分钱不给就把人打发了。
52. 你是二百五，还是潮性？头回去丈母娘家，扎煞两只手，啥（wànı 快读）礼儿也不带。	你是傻子，还是头脑不健全又闹性子？头回去丈母娘家，空着两只手，什么礼物也不带。
53. 人家稳重，谁像你，扬风乍（zhā）冒的，办事儿没准。	人家稳重，谁像你，又张扬又冒失，办事儿没准。
54. 甭看人家庄稼活一忽没一忽，可学问深（chēn）。	别看人家庄稼活一点儿也不会，可学问深。
55. 归拢（lǐ）包宗（zuī），就这么多了。	所有的都算上，就这么多了。
56. 屋子生了火，倒是不哇喳喳地凉了。	屋子里生了火，倒是不特别凉了。
57. 下了几天雨，还阴了吧唧不晴。闹（nòu）得屋里潮了吧唧，道上水了吧唧，下了一遭地，脚上沾得打鼓连锤的尽（jìng）是泥，可庄稼倒支棱起来了。	下了几天雨，还阴着不晴。屋里弄得潮湿，道上有很多积水，下了一趟地，脚上沾很多泥，可庄稼倒挺起来了。
58. 瞧这桌子菜，有的连嘴儿都没动，都糟践了，多可了（liǎo）的！	瞧这桌子菜，有的连嘴儿都没动，都糟蹋了，多可惜呀！
59. 抠搜了半天，钱够不？	摸索了半天，钱够不？
60. 咕叽咕能（nēng），刚够。	凑凑乎乎，刚够。
61. 约约（yāo），几斤？	称称，几斤？
62. 搂搂，合算不？	合计合计，上算不？
63. 一个人，弄（nēng）糊弄糊，瞎吃点子得了。	一个人，将就将就，胡乱吃点就行了。
64. 老喽，说话翻翻失失地，俩手哆哆颠颠地，啥干不了喽。	老喽，说话翻来覆去、颠三倒四地，双手哆哆嗦嗦地，什么也干不好了。
65. 胳肢胳肢她，看她笑不？	挠挠她的胳肢窝儿，看她笑不？
66. 履屁股后头撵，也没撵上。	紧跟在屁股后面追，也没追上。

今日永宁

　　今日永宁，在厚重的历史沉积上，萌发并培育了现代文明，使昔日永宁没有任何雕琢的朴素，和今日永宁崭新的时尚融为一体。

今日永宁，已经走过5000多年的风雨沧桑，依然生机勃勃。

今日永宁，在厚重的历史沉积上，萌发并培育了现代文明，使昔日永宁没有任何雕琢的朴素，和今日永宁崭新的时尚融为一体。这种融合似一种自然衔接的贯通，这种贯通是一条长河顺势而下的流淌，这种流淌是一种无法抵御的力量，这种力量不仅冲刷掉了永宁人往昔的泪水和艰辛，以及这种艰辛踏开的荆棘，也推动了永宁历史和今天的进程，推动今日永宁人靠谋略和胆识对事业的不断开拓。

今日永宁，在沉积持久的历史文化上，展开了辉煌灿烂的时代文化，拉开了一帧延续不断的绵长画卷。

永宁的昨天和今天，令人刮目相看。

▲ 今日永宁阁

古香古色话修复

2002年，投资2000多万元、占地25367平方米的永宁古镇修复计划第一期工程完成。其中，最有代表性的建筑是玉皇阁。玉皇阁为传统的砖木结构，高28.2米，占地421平方米，飞檐斗拱、雕梁画栋，雄壮而华美。玉皇阁矗立于原永宁城中心位置，再次成了永宁的标志性建筑。为了保证质量，栋、梁、柱等较大木材全部是非洲进口的"可可提"。

北街，即古商业街，根据"修旧如旧"的原则，再

现了明清时期辉煌壮丽而风姿绰约的原貌。宽13米，长470米的街道，全部用抛光花岗岩石板铺成，部分路面的花岗岩石板上刻有历代古钱币的浮雕，踏在上面，油然生出抚今怀古之慨叹。

▲ 古香古色的商业街旧城北街

　　街道两侧建有890间明清建筑风格的商务铺面、客栈。临街房屋的彩绘全部采用捏箍头、搭包袱、描金、铺青等传统绘画工艺，250多幅栩栩如生的花鸟虫鱼、神情各异的人物、或恬淡或浓重的山水，写意和工笔相间的画面，分布在高低错落的梁栋上，组成了一个传统艺术画廊，令人目不暇接。其中，取材于神话传说和古典名著故事的人物绘画更有情趣，令人叹服的是，从

◀ 商业街彩绘

《白蛇传》到《天女散花》，从《鲁智深倒拔垂杨柳》到《孙悟空三借芭蕉扇》，从《吕布戏貂蝉》到《黛玉葬花》，大凡人们熟悉的故事中的人物，在画家笔下，都有了鲜活的性格和生命[①]。

缗山书院话教育

仁立于已有170余年历史的缗山书院，看到今日永宁小学教学大楼挺立的气魄，院内和操场四周的绿树、草坪、花朵点缀的雅致和优美，自然由明代县学想到570余年的风雨沧桑，想到时代变迁引起的翻天覆地的变化；怀古抚今，自然生出无限感慨，也自然想到了永宁教育昔日发端的艰辛和后来人的努力。

▲ 缗山书院

永宁人看重教育。

永宁的教育一直在持续不断地发展。

永宁有记载的正规教育，是从明正统元年（1436年）建立县学开始的。由县学到卫学再到缗山书院，前后经历了398年。明清两代的县学和卫学培养了很多人才。据《隆庆志》载，明嘉靖二十八年（1549年）前，永宁有罗通、陈咏、刘继禄等3人考中进士并被朝廷选用，其中罗通曾任兵部尚书，为延庆地区历史上职位最高的官员之一；另外有黄宁、吕翱、王惠等14名举人，有宗暠、罗谕、高淳、张瑞等49名贡生，有耿洪、王叙、张睿等8人应例入监[②]，这些人多数出任地方官员，

---

① 《古香古色话修复》基础材料来自《古城永宁》吴定《概述》一文。
② 应例入监：由纳捐取得监生资格的叫应例入监。

最高职位为知府。

　　上面的数字似乎不大，尤其考中进士的，真可以说是凤毛麟角。但这对于一个兴旺时期只有600多户、2000多人口、包括孩子在内的1000多名男子，正规教育刚刚开始的"三镇之辟邑"小县，已经非常难得了；何况，这里还多灾多难呢！景泰七年（1456年），永宁因自然灾害总人口下降到了880人，男子只有480人。

　　其后，无专文记载，估计数字应不低于1549年前。从《延庆州乡土志》和《延庆胡氏家谱》等其他记述中我们看到，清代有李德淦、胡镛2人考中进士，其中胡镛官居二品。

▼ 清嘉庆皇帝给李德淦之父李中时的敕命

永宁小学开设围棋特色课

永宁中学的电脑教室

永宁中学

民国时期改为新学的缙山书院，成了今日永宁小学的基础。但今日永宁小学已经今非昔比了。

今日永宁小学，已经成为延庆东部容量最大、设备最完善、教学质量最好的小学，而且永宁中学也由原永宁小学附设的两个初中班，发展成延庆东部最著名的中学。

除永宁城内小学外，永宁地区调整教育格局，集中教育资源，乡村小学教学条件也得到改善，教学质量大幅度提高，不少学校结合学校和地区实际，开设了特色课程，开阔了学生视野，引发了学生的学习兴趣。

今日永宁中学，是延庆东部规模最大的完全中学，承担永宁镇城内生源为主的初中义务教育和延庆东部生源为主的高中普及教育。有教职工150多人，28个教学班，1500名学生，"占地面积48590平方米，建筑面积5910平方米，有普通教室30个，专用教室7个"[1]，教学仪器数千件，电教设备数百件。

今日永宁中学，走"开放式办学"道路。2005年12月，与全国一流名校——中国人民大学附属中学结成"手拉手"学校，充分利用首都教育资源优势，和人大附中的优秀教师进行面对面交流，不断更新教育教学观念，教师业务素质有了提高。

2007年3月，人大附中与延庆县教委和永宁中学签署了名校办分校的协议，人大附中延庆分校落户永宁中学。人大附中选派的10名优秀教师承担分校教学任务，分校学生的学习潜能被充分调动起来，学生的学习成绩迅速上升为全县一流水平。

---

[1]《延庆县普通教育志》，2000年第1版，第353页。

文化名城话文化

　　文化和地方习俗密切相关。延绵不断的习俗延续着今日永宁文化，今日永宁，以传统节日为主的文化活动依然丰富多彩。

　　永宁人走过了太多的曲折和苦难，但永宁人一直"安于勤苦"而通达乐观，一直怀有美好的期待。于是，永宁人便创造和引进了众多的节日，并以节日主人自居，安排节日的文化活动，娱乐自己也娱乐观众，宣泄终年劳作而积郁的情绪。昔日，永宁的文化活动全是自发的，不需要官方组织，而且官府除了设有僧会司管理宗教外，并没有专门的文化管理机构，官员们只是以"与民同乐"的心态参与其中的重大活动。

　　今日永宁，政府对文化工作非常看重，设有派出机构——文化站，负责发动、组织和管理地区文化，并且不断加大投资、扩大规模、增添设施，不断适应和满足群众对文化的需求。

▼ 永宁文化中心

永宁文化站是延庆地区最早的文化站，1987年发展成文化中心，1990年被北京市委、市政府评为"思想政治工作"先进集体。同年，被国家文化部评为"全国先进文化站"。

今日永宁，文化中心占地面积4523.52平方米，建筑面积2136平方米。拥有图书室、综合活动室、能容纳100人的教室1个、能容纳40人的教室3个，拥有52台电脑的电脑室2个。永宁剧院设有会议室、接待室、放映厅、卡拉OK多功能厅等，成了永宁地区开展各种文化活动的场所。每逢重大节庆和各种赛事，永宁文化中心人来人往，络绎不绝，成了城内最热闹和最喜兴的地方。

永宁人最关切的是元宵节。持续了数百年的传统花会演出如今更活跃了。永宁的36个行政村，元宵节几乎村村闹玩艺儿，都争先恐后地到城内展示一番。

到了这一天，永宁城内红灯高悬，彩旗飘扬，人们着意把这座塞外古城打扮得十分年轻俊俏。一大早，十里八村的人们便扶老携幼，潮水般涌进城内，挤满了大街小巷。9时左右，来自全镇20多档各色花会，在北大街一字长龙排开，由文化中心出发，徐徐向前游动。惊天动地的锣鼓声、高亢嘹亮的唢呐声，和观众的鼓掌声、喝彩声交织在一起，响彻古城上空。在古代，这一天对深闺的女子全部开禁。

"男女聚观"的场面非常热烈，今天自不必说了。

夜间，照如白昼的灯光火烛，使花会演出虚实相间更有神韵。站在玉皇阁鸟瞰，那玩艺儿一档接一档，道具和演员手中的五彩灯烛高低错落，欢快地舞动，宛若一条浪花翻卷的灯河，两旁的建筑物恰似这条灯河的堤岸。

乡下和城里一样热闹。此时，上磨的黄河九曲灯

营城子河北梆子剧团演出

已经开放，营城的河北梆子大戏已经开台……文化中心有3个电影放映队，到各个行政村轮回放映。节日活动带动了日常文化活动，全镇36个行政村，村村安装了体育健身器械并建有老年星光活动中心，25个村建成了村成人学校和文化大院，16个村建成数字影院。上磨村成人学校已达到了市级村校标准，西关村在全市率先建立了"农村体育生活化社区"。全镇现有村级秧歌队25支，30人的女子大鼓队1支，左所屯村建立了延庆县戏曲协会分会，永宁老年书画研究会常年开展活动，永康、鸣凤2支文化演出团队取得县级半专业演

出资质，自编自演了大量反映当地现实生活的文艺节目，常年为群众演出。2008年，永宁镇被国家文化部授予"中国民间文化艺术之乡"称号。

今日的永宁，已由传统的文化名城，变成了现代的文化名城。

农村团队演出自编节目

万效堂前话卫生

万效堂药店虽然不是永宁最早的药店，但占地面积大，房屋多，因而也就成了今天永宁城内医院的前身。站在万效堂前，看到今日永宁医疗卫生的变化，自然由今日的发展，想到昔日永宁人对医学的看重和对相关理论的探求与实践。应当说，昨天永宁的药店和坐堂的老中医，是今日永宁医院和医疗卫生的发展基础。

永宁的老中医不仅熟读《本草纲目》和《黄帝内经》等相关理论书籍，个个都是中医和中药专家，而且文化修养都很高。毓和堂的一副对联，足以说明问题。对联写道："一阵乳香知母到，半张故纸防风来。"这副对联不仅对仗工稳，韵律和谐，读来朗朗上口，而且颇具人情味和生活气息；它的高明之处，还在于巧借谐音扣住了中药店铺的特点，同时生出情趣来。不知此联何人所作，但足可称千古绝对。乳香、知母、故纸、防风均为中药名。上联用了2个中药名写出母子间动人情感，下联又用2个中药名写出冬季防寒的民间生活味道，教人拍案叫绝。

永宁不乏这样既有很高文化修养，又有高明医术的名医。不二堂的吴掌柜的自兼坐堂医生，专攻小儿科。家长能带患儿到堂就诊更好，来不了的，只要家长说清楚小儿症状，吴先生也可开方拿药。拿回家照吴先生的嘱咐吃药，保证效果良好。一般的疾病，定然药到病除。不二堂的药方从不外传，堂上看病，必须在堂上抓药。为什么？因为吴先生把所有中药的名字都改了，其他药店无法识破他的秘密。

民国时期乾源堂的时三先生和时六先生专门诊治疑难杂症远近知名，后来延庆县的许多知名中医，都是

永宁

他们的学生。

除了上述药店外，永宁城内有于清光绪年间开业的老字号"生生堂"，以及后来陆续开办的荣寿堂、乾源堂、宝生堂等知名老字号10余家，另外还有1家西药店。这么多药店，这么多名医，构成了永宁医疗事业雄厚的基础。永宁，从清末到民国的上百年间，一直担负着延庆东部的医疗任务。可惜"公私合营"之后，这些老字号均被湮没了。

1952年，有4个中西医大夫，占用万效堂的门脸房子，在永宁建了一家叫"四友联"的诊所。后来几经变迁，诊所变成了公立医院。56年间，永宁公立医院发展很快，现在已经成为"延庆县第二医院"。

延庆县第二医院是一所集医疗、教学、预防、保健为一体的中型综合性医院。医院占地9671平方米，建筑面积7222.2平方米，设有门诊楼、医技楼、病房楼、办公楼，并配备有后勤附属设施。医院有高、中、初级技术人员126人，设有外科、内科、儿科、妇产科等31个临床医疗科室，承担着永宁辖区及延庆东部10万余人的医疗保健任务，年门诊和急诊人数达到7万余人次。

▲ 永宁城内的延庆县第二医院

除此之外，农村的基本医疗条件也得到很大改善，西灰岭、吴坊营、清泉铺、太平街等4个村建成了社区医疗卫生服务中心，另有24个村建成了村级医疗卫生室，占所辖行政村的83%以上，医疗卫生服务基本满足了全镇人民的需要；另外，农村新型合作医疗得到很快发展，到2007年，参加合作医疗的人数占应参保人数的94%，每年报销医药费达100万元以上，为农民解决了实际问题。随着经济发展，永宁地区的医疗卫生服务条件正在逐步改善。

协调发展话产业

今日永宁，已经成了国内旅游观光的文化名镇。城镇旅游带动了乡村的发展。乡村民俗风情游不仅形成了规模产业，而且成了城镇居民和农民致富的主要经济来源之一。2008年，永宁已有民俗旅游接待村4个，观光采摘园3个，具备接待能力的民俗户107个，实现收入179万元。

采摘的乐趣

今日永宁，依托生态环境建设，打造旅游商业区，逐步形成了东以水口子原始森林及古长城遗址为依托的"生态健身观光区"，西以妫河源头为依托的"生态休闲观光区"，南以青龙潭、树莓基地为依托的"农业观光采摘区"，中以明清古城为依托的"古镇风韵体验区"，从而形成"三带一中心"的旅游产业格局。加大旅游景点开发引资力度，逐步形成一批有特色的景观和具备一定接待能力的旅游服务设施。建设了观光采摘园，逐渐完善以南关树莓基地、上磨反季节水果大棚、北沟百果园为主的观光采摘基地，以产业富民、产业造景，形成吃、住、摘、玩的乡村民俗游。通过完善规划，包装项目，争取资金，稳步推进和完善古城建设，逐步形成以永宁古城为中心的文化名城游览、生态观光旅游、农业观光采摘、吃豆腐宴、品农家饭、游新农村于一体的休闲旅游格局，通过古城文化节、观光采摘节、乡村休闲、体验农家等多种活动的开展，打造区域旅游品牌，促进农民增收。

△ 压垂枝头的红杏

今日永宁，不必为偶然的秋稔而兴奋不已，因为没有人在为吃不饱饭发愁了。农业产业结构已由单纯的粮食生产，变成了粮食与经济作物协调发展的格局。在传统农业发展稳定的同时，增加科技含量，推进有机农业，追求产业效益。以南七村为重点，发展雨养旱作玉米2000亩。以西灰岭、南关、新华营等村为重点，发展甜玉米、糯玉米种植1000亩。加强农业技术培训，通过理论培训、田间指导等多种形式指导农民种植传统农作物，提升农作物的科技含量，稳步推进设施农业，坚持有机种植和绿色养殖，"壮大五个产业点，打造三个产业带"。五个产业点分别是西关、孔化营、新华营、上磨的设施蔬菜；清泉铺河湾的生猪养殖基地；南关的树莓基地；西山沟的葫芦产业和豆腐产业原料生产基地。三个产业带是以孔化营、前平坊、西关、新华营、吴坊营为重点的滨河南路3000亩蔬菜产业带；以阜民街、清泉铺、河湾、马蹄湾等村为重点的阜清湾1100亩生猪养殖产业带和以南七村为重点的4600亩环山干果产业带。

▽ 设施农业

充分利用本地区自然环境条件，发展无形设施农业。以清泉铺地区南七村为重点发展干果种植和林下经济；以孔化营、前平坊、西关等村为重点发展季节性蔬菜种植。按照"健康、高产、优质、高效"的原则科

⊙ 今日永宁

学发展养殖业2000亩，包括改建养牛小区、新建规模猪场和鸡舍。建立镇村动物防疫体系，增强疫病防控能力，逐步实现传统养殖业向现代养殖业的转变。"延庆东部山区农产品加工基地"已经获得北京市规划委员会控制性详细规划和农业部"全国农产品加工业示范基地"称号，正在抓住机遇、对接政策、包装项目、完善设施，加大招商力度，推动基地建设。

积极培育龙头企业，巩固发展劳动密集型企业，积极推进农产品加工基地建设。通过豆腐厂进一步加工改造，以龙头带动散户发展规范豆腐产业。传统产品——永宁豆腐，已经取得了ISO质量管理体系认证和HACCP食品安全管理体系认证，创立了北京夏都妫源豆制品技术开发有限公司。豆腐加工已经形成了产业化，永宁豆腐已经走出了永宁。

培育并扶持八达岭酒业有限公司和八达岭酿酒总公司发展酿造产业。以永振亮砖厂为依托，鼓励扩大规模，努力打造建材产业。发展扶持现有五家毛纺织厂，进一步建立更多的加工网点，解决留守妇女就业3000人。

今日永宁，农业的发展速度惊人。2008年，全镇农村经济总收入达到37970万元，比2001年增长了68%，人均劳动所得达到6416元，比2001年增长了102%，工业总产值达到7221万元。

今日永宁，视野更加远大，胸怀更加宽阔，正以坚实而快捷的步伐走向明天。

▼ 豆腐厂正在进行豆腐加工

基础建设话新容

今日永宁，城镇和乡村已经发生了很大变化，这种变化主要表现在基础设施的建设上，也正是这些建设，才使得永宁向世人展示了新的容貌和姿态——城镇和乡村更加清洁美丽了，生活条件改善了，更适于居住而让人喜爱了。

2001 年，永宁镇被北京市定为 33 个试点小城镇之一。此后经过几年努力，使城镇基础设施不断完善，服

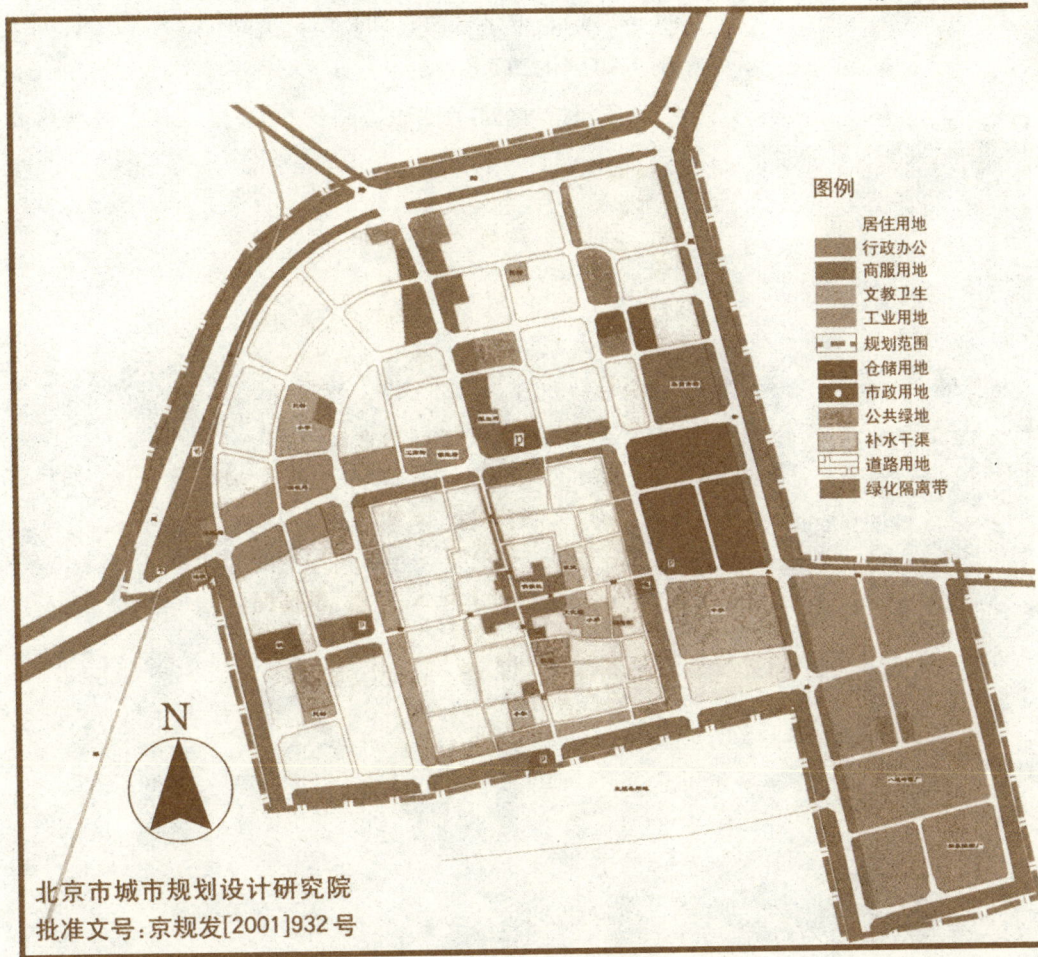

图例

居住用地
行政办公
商服用地
文教卫生
工业用地
规划范围
仓储用地
市政用地
公共绿地
补水干渠
道路用地
绿化隔离带

N

北京市城市规划设计研究院
批准文号：京规发[2001]932 号

务功能不断完备。到2008年，投入建设资金约3.2亿元，恢复了商业步行街、玉皇阁；建设了中心水厂、二水厂、污水处理厂、供暖中心等基础实施；建设了农民就业培训学校、永宁中心市场、城南及宁和两个公园、多个健身场等公共服务设施；修缮和改造了永宁影剧院、敬老院、永宁医院。

自2002年开始到2009年的8年间，永宁投入很大力量，修筑了城镇和乡村公路，施工总里程达到59公里。永宁镇内道路约7公里，包括拱辰街、善政街、广武街、阜民街等4条中心街道，另外还有环城南路西段、环城西路、永宁大街、宣恩街、永延街、永利街、镇宁街等镇区内重要道路。

同时，修筑了镇域道路约52公里，其中包括昌赤

▼ 永宁滨河南路

路永宁段、延琉路永宁段两条过境连接线，以及滨河南北两条生态光路，永青、永偏路、大王路3条镇区与村庄的连接道路。

为给群众提供安全饮用水，2003年和2004年，永宁镇建成了镇中心水厂和南七村第二水厂。占地15亩的镇中心水厂一期工程已经完成，共打机井6眼，日供水能力达6000吨，铺设供水管道7700米，输水管道1400米，建成600立方米清水池2座，二次泵房1座，绿化美化面积达4530平方米。南七村第二水厂占地13亩，打机井2眼，日供水能力达1500吨—2000吨，解决了7个村，1735户，4830人及1675头大牲畜的饮水问题。

2004年，为妥善处理镇区污水，建设了镇区污水处理厂，该污水处理厂日污水处理能力1000吨。2006年，在建成污水处理厂的基础上，实施了镇区污水处理管网工程，该项工程包括南、北2条污水管线工程建设，南线长4500米，主要解决永宁农产品加工示范基地入区企

▼ 污水处理厂

业污水排放；北线长2500米，主要解决永宁镇区生活污水排放。

2006年，建设了占地112亩的镇区生活垃圾填埋场，能够解决延庆县东部7个乡镇的生活垃圾处理问题。同时，在镇域内28个村建设了垃圾房。

同时，永宁加强了新农村建设，农村的卫生、公共设施也得到逐步改善，生产生活条件得到显著提高。

今日永宁，正在按照城镇建设的总体规划，进一步完善公共设施的基础建设，使永宁古镇变成更加美丽的宜居城镇。明天的永宁，将以更新的容貌和姿态树立起古镇的骄傲。

后 记

解读一座上下几千年的古镇，诱惑是无法抗拒的，压力也随之而来，几乎把人折腾得寝食不安。

永宁，走过了过于纷乱和曲折的历程，斑驳陆离的历史事件，曾经闪耀辉煌的名将、才子、商家，以及那些市井人物和那些污秽的小人，给人留下了太多思考。永宁，沉积过于厚重。

永宁人，贪爱这片热土，个性过于坚韧，以至于到了近乎执拗的程度。虽然经过了太多的苦难，但依然在毫不懈怠地奋争。永宁人创造的岂止是一座挺立于历史和今天的古镇，更是古镇所蕴含的丰厚的个性文化。这也许就是永宁的灵魂和灵魂放射的光彩。

翻阅了大量的文字，进行了大量的采访，心里豁然闪亮而愉悦起来——用一种文化视角深入表现永宁的个性，不是很好的选择吗！

不是文学创作，绝没有文思泉涌的时刻。因反复求证而多次修订的汉字硌得眼睛生涩，更不用说长时间坐在冷椅子上腰腿脖颈的酸疼了。唉，此种文字不好玩！好在受了永宁人的人格力量的感染，本书终于脱稿了。

北京市地方志编纂委员会领导不断鼓励、催促，延庆县史志办领导提供了诸多便利，永宁镇党委和政府对本书的写作和出版非常关注，镇党委副书记郭铁石亲自挂帅，并在文

225

化站设立了写作办公室，两位站长做了大量具体工作。

特别值得提出的是许复之、时广生、张瑞祥3位先生，不但先后接受了多次采访，无偿提供了大量珍贵资料，而且参与了文稿的讨论和修改。张瑞祥、刘启两位先生为本书精心绘制了多幅画图。

延庆县文物管理所、档案馆、博物馆、图书馆、文化馆无偿提供了相关资料。

人得有良心，得说良心话。《北京地方志·古镇图志丛书·永宁》绝非一个人可以完成的，近20万字，150多幅图片，所有的文字和图片都渗透了大家的心血。说一句"一并表示感谢"之类例行公事的话，总觉得轻率而内心有愧。一个穷书生，又身无长物。咳！正像老杜"白头搔更短"的时候，搔着稀疏而花白的头发自然搔到了发根下的头。头，是男子汉尊严的象征，谁轻易低过？我只向生我养我的父母和我的老师低过头。此时，我低下头，深深低下，给诸位鞠一躬，深深地，深深地。

我以为任何文字都在遗憾中诞生，而看到诞生之后的模样遗憾就更多。《北京地方志·古镇图志丛书·永宁》拿出来了，我个人肯定要挑剔其中的毛病，但更盼望专家、学者和关心它的读者的指教，尤其是永宁父老的指教。

2008年11月6日